Kristina Zierhut

Wie man eine verdammt gute Präsentation macht

10 Dinge, die dir niemand über richtig gute Referate gesagt hat

AF170461

Kristina Zierhut ist Psychologin und Diplom-Kauffrau. Seit über 20 Jahren betreut sie Schülerinnen, Schüler und Studierende bei der Erarbeitung von Hausarbeiten und Präsentationen. Sie kennt die Schwierigkeiten und Herausforderungen, denen sie dabei gegenüberstehen.

Wie soll ich an die Sache drangehen? Was unterscheidet einen guten von einem schlechten Vortrag? Wie finde ich den roten Faden? Soll ich frei sprechen oder alles auf Karteikarten schreiben? PowerPoint nehmen oder nicht? etc.

In diesem Buch hat die Autorin ihre besten Ratschläge zusammengestellt. Herausgekommen ist ein unentbehrlicher Helfer mit vielen Ideen, brauchbaren Hinweisen und schnell umsetzbaren Tipps für alle Phasen der Referatserstellung. Eine wahre Fundgrube nicht nur für Jugendliche, sondern auch für Lehrer und Eltern, die ihre Kinder optimal unterstützen wollen.

Kristina Zierhut

Wie man eine verdammt gute Präsentation macht

10 Dinge, die dir niemand über richtig gute Referate gesagt hat

Bibliografische Information der Deutschen Nationalbibliothek: Die Deutsche Nationalbibliothek verzeichnet diese Publikation in der Deutschen Nationalbibliografie; detaillierte bibliografische Daten sind im Internet über www.dnb.de abrufbar.

© 2016 Kristina Zierhut
2. Auflage 2018
Internet: http://www.kristina-zierhut.de
Herstellung und Verlag: BoD – Books on Demand, Norderstedt
Umschlaggestaltung: Tarek Ali, Pforzheim
Illustrationen: Kristina Zierhut

ISBN 978-3-738-637380

Inhalt

① Werde dir darüber klar, um was es überhaupt geht ..11

② Recherchiere richtig 29

③ Werde Experte 59

④ Finde die Struktur 79

⑤ Sorge dafür, dass du verstanden wirst 93

⑥ Plane deine Präsentation 125

⑦ Sei mutig! 159

⑧ Halte dich an die Formalitäten 185

⑨ Sei souverän 215

⑩ Überwinde Hindernisse 249

Inhalt

① Werde dir darüber klar, um was es überhaupt geht.

In diesem Kapitel geht es um die Themenwahl, das Erfassen des Themas und das Einbetten des Themas in den Unterrichtsstoff des jeweiligen Faches.

② Recherchiere richtig.

Das Internet ist zwar die Hauptinformationsquelle, aber lange nicht die einzige Möglichkeit, um an Informationen zu kommen. In diesem Kapitel steht, wie man richtig sucht, worauf man dabei achten sollte und natürlich auch, wie man mit den gefundenen Informationen umgeht.

③ Werde Experte.

Der wichtigste Punkt bei einem Schul-Referat: Experte werden. Das bedeutet konkret, dass man sein Thema gut lernen und sich umfassend einarbeiten muss. In diesem Kapitel werden einige tatsächlich brauchbare Methoden dazu vorgestellt.

④ Strukturiere.

Dieses Kapitel zeigt auf, wie wichtig es ist, die vorhandenen Strukturen im Thema zu finden. Sie erlauben, dass man sich frei und sicher darin bewegen kann. Neben wirkungsvollen Strukturierungsmethoden liefern einige Beispielstrukturen Ideen für das eigene Thema.

⑤ Sorge dafür, dass du verstanden wirst.

Wie bringt man seine Botschaft rüber? In diesem Kapitel geht es darum, wie man Bilder sinnvoll gestaltet, wie man Zahlen richtig präsentiert, welche Diagramme am aussagekräftigsten sind und wie man seine Worte so wählt, dass das Publikum damit etwas anfangen kann.

⑥ Plane deinen Vortrag.

Während im vorigen Kapitel einzelne Aspekte im Vordergrund standen, geht es in diesem Kapitel um den Vortrag als Ganzes. Die Auswahl der Fakten die man dann tatsächlich präsentiert, die Reihenfolge und der Spannungsbogen. Die Storyboard-Methode, die sich sehr gut bewährt hat, wird kurz vorgestellt, der Medieneinsatz angesprochen und natürlich wird die wichtigste Frage von allen beantwortet: Wohin mit der Gliederung?

⑦ Sei mutig!

Ungewöhnliche Präsentationsmethoden, die ohne PowerPoint auskommen. Alle Beispiele wurden tatsächlich von Schülern an ihren Schulen durchgeführt und führten zu überdurchschnittlichen Ergebnissen.

⑧ Halte dich an die Formalitäten.

Die Ausarbeitung, das Handout und die Quellenangaben müssen auch sein. Deshalb gibt es in diesem Kapitel einige Tipps, die immer wieder benötigt werden.

⑨ Sei souverän.

Souveränes Auftreten beim Vortrag ist das Resultat der vorhergehenden Schritte. Dazu gibt es noch ein paar Tipps für den Vortag und die Krisenhelfer, falls doch mal eine Panne auftritt.

⑩ Überwinde Hindernisse.

Motivierende Beispiele für besonders knifflige Probleme, die bei meinen Schülern auftauchten, und wie sie gelöst wurden.

① Werde Dir darüber klar,

um was es überhaupt geht.

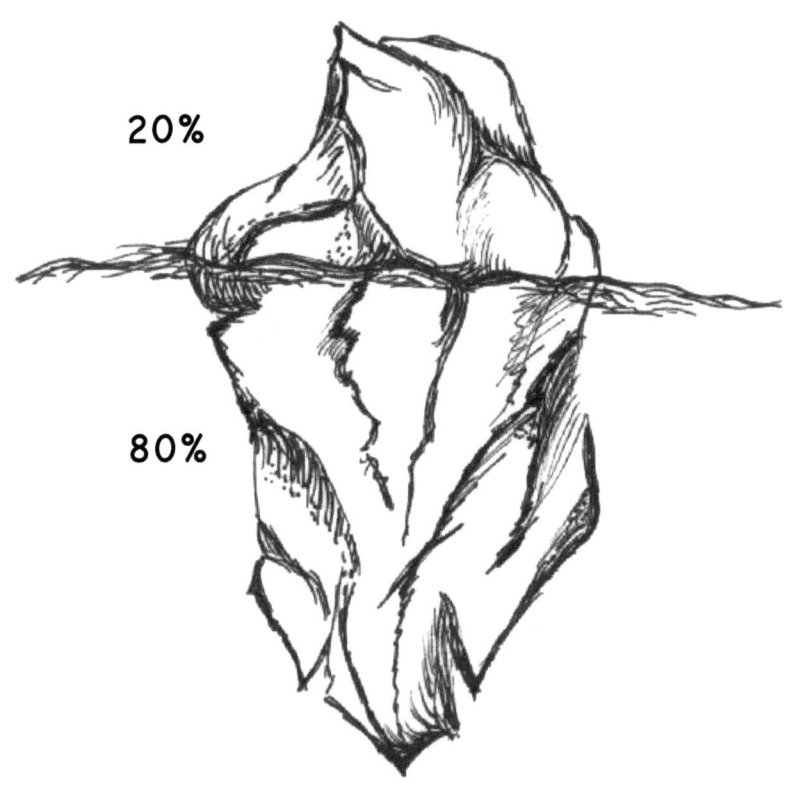

Der Eisberg

Tatsächlich gleicht das Bearbeiten eines Vortragsthemas einem Eisberg. Wie wir alle wissen, liegen etwa 80% eines Eisbergs unter der Meeresoberfläche und nur 20% des Eisbergs sind sichtbar.

So ist es auch bei einem guten Referat. Nur 20% der gesammelten Informationen und des neu erlernten Wissens werden bei der Präsentation vorgetragen. Der Rest liegt unter der Oberfläche.

Falls du jetzt auf die Idee kommst, einfach die 80% wegzulassen um Zeit zu sparen, muss ich dich enttäuschen. Häufst du weniger Wissen an, werden auch davon nur 20% am Ende sichtbar sein.

Wähle weise - Die Themenwahl

Wenn du das Thema selbst vorschlagen kannst, solltest du ein paar Dinge beachten:

Eigenes Interesse

Das eigene Interesse wird häufig als wichtigstes Kriterium bei der Themenwahl genannt. Für eine Facharbeit im Studium oder eine Seminarkursarbeit, die sich über mehrere Monate hinzieht, mag das ja zutreffend sein.

Eine GFS oder ein Referat in der Schule kannst du jedoch oft strategisch zur Notenverbesserung in Fächern einsetzen, die so ganz und gar nicht deinem Interesse entsprechen. Dann kannst du dich an die nachfolgend angesprochenen Kriterien halten und getrost darauf vertrauen, dass das Interesse am Thema von allein einsetzt, wenn du genügend Informationen dazu aufgenommen hast.

Fachbezug

Eigentlich logisch: dein Thema muss zum jeweiligen Fach passen und sich vorrangig auf die Lehrinhalte des jeweiligen Schuljahres beziehen. Hier kann dir der Lehrplan oder das Inhaltsverzeichnis deines Schulbuches wichtige Hinweise geben.

Vorhandenes Referat vom großen Bruder

Nicht mal wenn der Ersteller eine Eins dafür bekommen hat, solltest du ein Referat verwenden, das du nicht selbst ausgearbeitet hast. Selbst durch mehrfaches Durchlesen wirst du niemals genügend Hintergrundinformationen zu deinem Thema haben, um es im Vortrag dann überzeugend rüberzubringen.

Persönliche Erfahrung

Eigene Erfahrungen sind Gold wert und es gibt für Zuhörer nichts Schöneres als wenn der Referent „aus dem Nähkästchen" plaudert. Aber auch hier musst du aufpassen, dass du dein Thema mit dem nötigen Tiefgang und theoretischen Inhalt präsentierst.

Wissen des Lehrers

Vermeide Themen, über die dein Lehrer besser Bescheid weiß, als du. Z.B. „Beatles" oder „London" in Englisch. Ebenso gefährlich sind Standard-Referatsthemen, wie z.B. „Keplersche Fassregel" in Mathe.

Wenn dein Lehrer schon zwei- oder dreimal ein Referat zum gleichen Thema gehört hat oder er selbst viel darüber weiß, legt er automatisch die Messlatte höher.

Die Leitfrage

Manchmal verlangt dein Lehrer, dass du zu deinem Thema eine Leitfrage entwickelst, die du dann im Laufe deines Vortrags beantwortest. Achte darauf, dass du eine solche Antwort geben kannst und deine Antwort auf Fakten stützen kannst.

Aktueller Bezug

In Fächern wie Gemeinschaftskunde oder Wirtschaft wird ein aktueller Bezug erwartet oder gar verlangt. Pass aber auf, dass du dich nicht zu sehr darauf versteifst und dein Thema möglicherweise nicht mit dem Schulstoff verknüpfen kannst. Dein Referat wird dann schnell zu dünn.

Themenumfang

Ein Thema, zu dem du keine Bücher oder andere seriöse Quellen findest oder sogar überhaupt keine Informationen, ist schwierig zu bearbeiten. Du musst in so einem Fall eigene Forschung betreiben, z.B. durch Interviews, Experimente oder Umfragen. Das kostet dich mehr Zeit als dir lieb ist und stellt dich vor manche Herausforderung.

Komm aber bitte nicht auf die Idee zu glauben, dass umgekehrt ein Thema, zu dem es viel Material gibt, dann auch einfach zu bearbeiten ist. Dem ist nicht so. Du brauchst dann deine Zeit, um das Material zu sichten und die wesentlichen Punkte herauszufinden. Vor allem für die anschließenden Fragen deines Lehrers musst du dir einen umfangreichen „Eiweißbereich" (siehe Seite 126) erarbeiten. Je mehr Aspekte gefunden werden können, desto mehr fragt dein Lehrer „in die Breite".

Filtern

Vor einigen Jahrzehnten oder Jahrhunderten war es noch eine Herausforderung für einen Studenten, Informationen zu seinem Thema überhaupt zu finden. Aufwendige Recherchen in Zettelkatalogen in der Bibliothek waren an der Tagesordnung.

Heute werden Schüler mit Informationen geradezu überschüttet. Die Herausforderung heute ist, dass du aus der Flut der verfügbaren Informationen diejenigen herausfilterst, die auch brauchbar sind.

Das ist einfacher als du denkst. Jeder Mensch verfügt über sogenannte Wahrnehmungsfilter, die ganz automatisch angewendet werden. Vielleicht kennst du eine ähnliche Situation wie diese: Motorräder mit Seitenwagen sind mir nie aufgefallen. Als ich jedoch begann, mich dafür zu interessieren, habe ich plötzlich überall Motorradgespanne entdeckt.

Wenn du dir vor der Recherche über einige wichtige Punkte (siehe nachfolgende Seiten) klar wirst, kannst du schon beim Sammeln der Informationen deinen Fokus auf relevante Inhalte lenken und so einen Großteil an Schrott aussortieren.

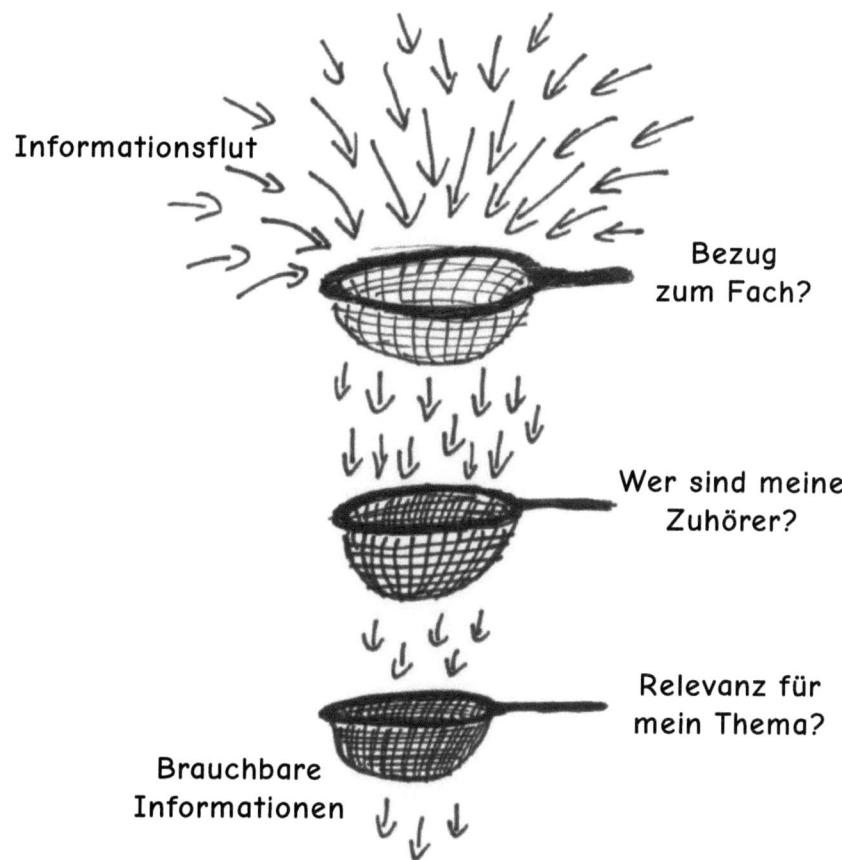

Bezug zum Fach

Beachte schon bei deiner Recherche, in welchem Fach du deinen Vortrag hältst.

Dieser Rat scheint trivial, wird aber im Eifer des Gefechts allzu oft missachtet.

Einmal kam eine Schülerin zu mir, die ein Referat über die Pest halten sollte. Sie hatte einen Text geschrieben, der mehrere Seiten umfasste und mit medizinischen Ausdrücken gespickt war, die sie nicht mal fehlerfrei vom Papier ablesen konnte.

Auf meine Frage, in welchem Fach sie denn das Referat halten werde, antwortete sie: Geschichte.

Ganz so offensichtlich ist es jedoch nicht immer, wenn man dabei ist, das Thema zu verfehlen. Achte deshalb darauf, dass deine Ausführungen zu deinem Schulfach und den Themen passen, die ihr dort so behandelt. Wenn du dir nicht sicher bist, halte Rücksprache mit deinem Lehrer. Auf Seite 252 findest du noch ein weiteres Beispiel.

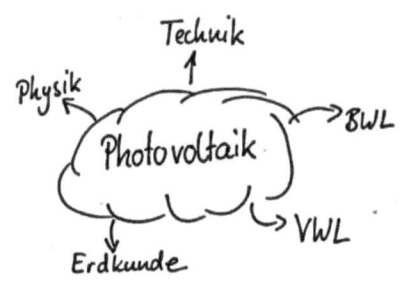
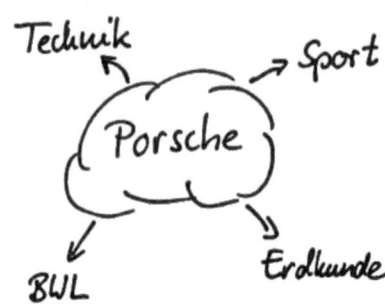
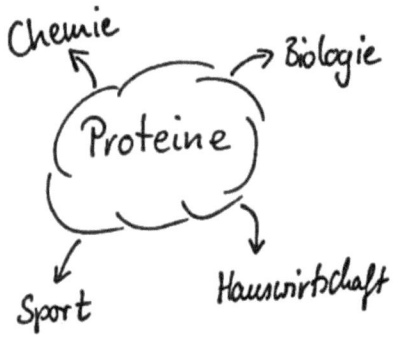
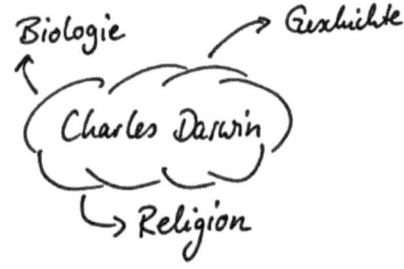

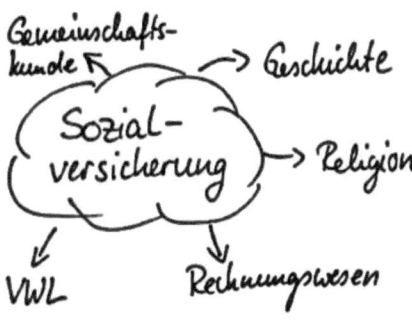
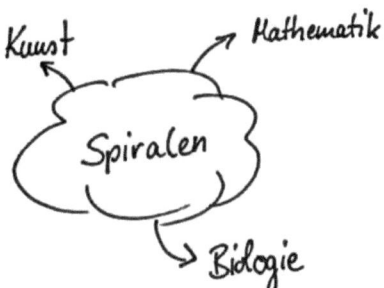
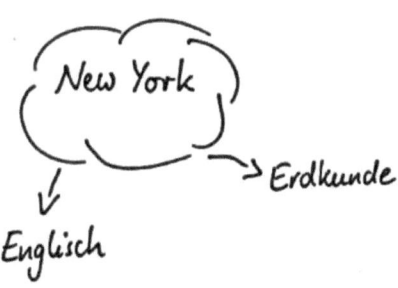

Wer hört dir zu?

Wer sind deine Zuhörer? Was wissen die bereits über das Thema? Was wollen sie wissen? Was erwarten sie von deinem Referat? Dass sie etwas Neues erfahren? Etwas erklärt bekommen? Du einen Überblick oder eine Zusammenfassung bekannter Inhalte lieferst? Oder zeigst, was du kannst?

Ein Referat über Eisbären sieht in der vierten Klasse anders aus als bei einer Fachkonferenz von Zoowärtern.

Ein Referat zum Thema „Vaterschaftstest" wird in der Oberstufe in einem Biologiekurs, in dem schon wochenlang Genetik durchgekaut wurde, viel mehr ins Detail gehen, was die Methode anbelangt, als wenn das Referat in Klasse 10 gehalten wird, wo die Molekularbiologie noch nicht eingeführt wurde.

Es ist ein Unterschied, ob du ein Referat in einer Präsentationsprüfung vor Fachlehrern hältst oder eine Schulstunde für deine Mitschüler gestaltest (die noch nichts von deinem Thema wissen).

Flächenberechnung von Dreiecken...

... in der 7. Klasse

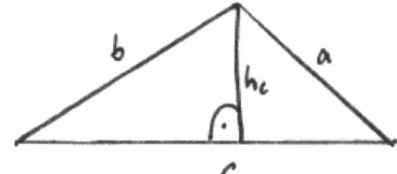

$$A = \frac{1}{2} \cdot c \cdot h_c$$

... in der 10. Klasse

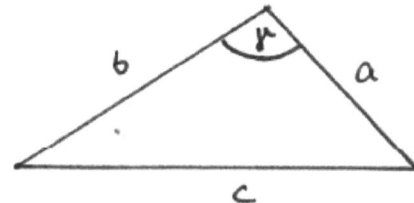

$$A = \frac{1}{2} \cdot a \cdot b \cdot \sin \gamma$$

... in der 12. Klasse

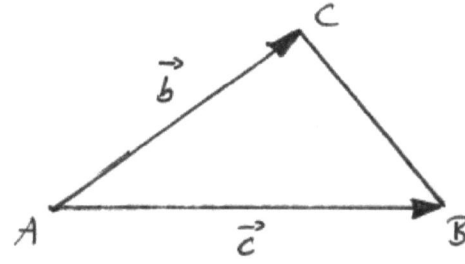

$$A = \frac{1}{2} \cdot \left| \begin{pmatrix} c_1 \\ c_2 \\ c_3 \end{pmatrix} \times \begin{pmatrix} b_1 \\ b_2 \\ b_3 \end{pmatrix} \right|$$

Relevanz für dein Thema

Achte auf die Relevanz deiner Informationen, d.h. darauf, wie gut die gefundenen Fakten zu deinem Thema passen. Sortiere gut aus, verwende nicht unbesehen die erstbeste Info, auch wenn sie haufenweise auftritt. Infomüll produziert Vortragsmüll.

Beispiel: Geschichte

Thema „Bismarck – zurecht ein gefeierter Volksheld?"
Zeitrahmen 10 min.

Da müssen der Name seiner Frau, ein Bild von ihr und die Tatsache, dass er mit ihr zwei Kinder hatte, nicht rein. Auch wenn diese Info auf fast jeder Webseite zum Thema zu finden ist.

Nur weil Informationen leicht verfügbar sind und massenweise auftauchen, sind sie noch lange nicht wichtig, wesentlich oder brauchbar.

Suche nach Informationen, die für dein Thema relevant sind, die zu deiner Themenstellung passen. Analysiere dazu die Schlüsselbegriffe deines Themas. Das kannst du z.B. tun, indem du Fragen stellst und nach den Antworten dazu suchst.

Warum ist Bismarck ein Volksheld?

Was hat er bewerkstelligt, um vom Volk gefeiert zu werden?

Was hat er sonst noch gemacht, das vielleicht dagegen spricht, dass er ein Volksheld ist?

Welche Folgen hatten seine Taten?

Die Antworten auf diese Fragen und deren Bewertung bzw. kritische Betrachtung durch die Referentin sind Gegenstand der Präsentation. Nicht das Privatleben dieses Mannes.

In einem 10-Minuten-Referat kannst du die Tiefe, die in der Oberstufe gefordert ist, nicht erreichen, wenn du dich mit oberflächlichen Plattitüden befasst.

② Recherchiere

richtig

Recherchiere richtig

Das Wort Recherche setzt sich aus dem französischen Wort „chercher", das heißt auf Deutsch „suchen" und der Vorsilbe „re" zusammen. „Re" bedeutet „wieder". Demnach bedeutet Recherche „wieder suchen". Also wieder und wieder zu suchen, bis man genügend Informationen für eine gute Basis zusammengetragen hat.

Dabei ist wichtig, dass du die gefundenen Informationen in jedem Schritt gut lernst, verarbeitest und hinterfragst. Denn je mehr du verstehst, desto besser kannst du im nächsten Schritt suchen.

Dabei solltest du dich nicht nur auf eine oberflächliche Internetsuchanfrage verlassen, sondern dort suchen, wo du Antworten auf deine Fragen findest.

Dazu fällt mir ein Witz ein: Eine Frau sucht nachts im Lichtschein einer Straßenlaterne verzweifelt ihren Schlüssel. Ein Passant kommt vorbei und hilft ihr. Aber erfolglos. Nach einer Weile fragt er die Frau, ob sie ihren Schlüssel überhaupt hier verloren hätte. Darauf die Frau: „Nein, verloren hab ich ihn dort drüben, aber da ist es ja dunkel. Dort finde ich ihn nie."

So ähnlich stellen sich auch viele Schüler bei ihren Recherchen an. Sie setzen sich erst mal an ihren PC und drucken die ersten drei bis fünf Treffer von Google aus, ohne sich darüber Gedanken zu machen, welche Informationen sie suchen oder wo sie die am besten her bekommen können. Dabei liegt der Schlüssel oft im Dunkel verborgen. Wo ist dein persönliches Dunkel?

dein Schulbuch
Zeitzeugeninterview
Stadtbibliothek
Landesbibliothek
Stadtarchiv
Fernleihe
Expertenbefragung
Zeitschriftenartikel
selber denken
Google Scholar
Google Bildersuche
englische Quellen

Stadtarchiv

Bei lokal orientierten Themen und Stadtgeschichte findest du dort die nötigen Quellen. Ein Besuch im Stadtarchiv bringt dir dann einen großen Gewinn, wenn du schon einiges zu deinem Thema weißt, so dass du dort Antworten auf gezielte Fragen finden kannst. Verschaff dir also vorher schon einen Überblick über dein Thema. Du kannst dann die Urkunden, Fotos, Pläne und andere Dokumente, die es dort gibt, besser einordnen.

Bibliotheken

Du kannst bei den meisten Bibliotheken schon von zu Hause aus online in den Bibliothekskatalogen recherchieren. Da wird dann auch gleich angezeigt, ob das Buch, das du haben willst, verfügbar oder gerade ausgeliehen ist.

Der Gang in die Bibliothek lohnt aber sehr häufig trotzdem. Es gibt da nämlich Bibliothekare, die du nach geeigneten Büchern zu deinem Thema fragen kannst. Die haben meist sehr viel Ahnung und können dir auch Überblickswerke zu deinem Thema empfehlen.

Fernleihe

Da besorgt dir deine Bibliothek ein Buch aus einer anderen Bibliothek gegen Gebühr.

Zeitschriftenartikel

Aktuelle Forschungsergebnisse sind in Zeitschriften wie Spektrum der Wissenschaft, Psychologie heute, Philosophie, Geo, etc. abgedruckt. Die Artikel sind wissenschaftlich fundiert und trotzdem gut lesbar. Deine Bücherei hat bestimmt eine umfassende Sammlung der letzten Jahrgänge. Manchmal kannst du einzelne Hefte auch beim Verlag noch nachbestellen.

Spezielle Suchmaschinen bei Google

Google Scholar findet für dich wissenschaftliche Aufsätze und Zeitschriftenartikel.

Über die Google Bildersuche gelangst du sehr oft zu guten Webseiten, die du mit der normalen Suche nicht unter den ersten Treffern findest.

Frag doch jemanden, der sich damit auskennt

Expertenbefragung

Häufiger als du denkst, geben dir Experten persönlich, am Telefon, per E-Mail oder Whatsapp sehr interessante Informationen.

- Eine Schülerin interviewte den Gründer einer AG am Telefon für ihr Referat.
- Ein Schüler kontaktierte den Autor eines Buches zu seinem Thema, der bereitwillig seine Fragen per E-Mail beantwortet hat.
- Ein anderer hat die Leiterin der AIDS-Beratung zu seinem Thema „Pandemien" befragt und so wichtige Informationen zum aktuellen Forschungsstand bei der AIDS-Bekämpfung erhalten.
- Wieder ein anderer Schüler interviewte den Leiter des Denkmalamts für seine Seminararbeit über Industriedenkmäler seiner Stadt.

Zeitzeugeninterviews

Vielleicht kennst du ja jemanden, der jemanden kennt, der dabei war. Bei manchen Themen der aktuelleren Geschichte kannst du bei Verwandten oder Bekannten fragen, ob sie dir den Kontakt zu einem Zeitzeugen vermitteln können.

Eine Schülerin in den alten Bundesländern fand das Thema „Alltag in der DDR", das sie zugeteilt bekam, zunächst langweilig. Beim Besuch eines DDR-Museums fragte sie nach Kontakten für ein Interview. Der Museumsbetreiber, der selbst in der ehemaligen DDR gelebt hatte, stellte sich zur Verfügung. Sein lebhafter Bericht faszinierte die Schülerin. Das konnte sie dann auch in ihrem Referat rüberbringen.

Manchmal hast du auch ein Thema zu bearbeiten, zu dem keine Informationen in Büchern oder im Internet zu finden sind. Dann kann ein Zeitzeugeninterview deine letzte Rettung sein. Ein Beispiel hierfür findest du auf Seite 261. Da ging es um das Thema „Public Viewing 1954".

Der Blick ins Schulbuch

Auch wenn das Internet viele Informationen liefert, kommst du bei deiner Recherche für ein Referat nicht an Büchern vorbei. Das wichtigste Buch: Dein Schulbuch. Dort findest du die Grundlagen, die von dir erwartet werden, in der nötigen Tiefe.

Findest du in deinem Schulbuch nichts, dann sind auch Überblickswerke und Sammelbände sehr hilfreich. Sie bieten dir einen guten Anhaltspunkt für die Einordnung deines Themas in einen größeren Zusammenhang. Du erfährst, ob es sich um die Haupttheorie oder ein Randthema handelt und auch, ob es zu deinem Thema kontroverse Positionen, also andere Meinungen, gibt.

Wenn du beispielsweise die Zwei-Faktoren-Theorie zur Arbeitszufriedenheit von Herzberg vorstellen musst, dann kann dir ein BWL-Buch zu Personalwirtschaft oder ein Buch zu Motivationspsychologie auf wenigen Seiten einen besseren Überblick liefern, als eine komplette Abhandlung über die gesamte Theorie.

Zu Beginn deiner Recherche solltest du dir Informationen suchen, die dir erlauben, dich in das Thema einzuarbeiten. Da ist nicht immer das Internet die richtige Anlaufstelle. Meistens findest du im Schulbuch wertvolle Hinweise, die dir die Recherche wirklich erleichtern und viel Zeit sparen.

Hannah verwendete vier Stunden Internetrecherche darauf, dass sie einen Vertreter des Utilitarismus zu ihrem Ethikthema fand und war sich noch nicht einmal sicher, ob sie diesen Philosophen erwähnen sollte, weil „der im Schulunterricht ja nicht besprochen" wurde. Ein Blick ins Schulbuch hätte ihr eine Menge Zeit und Mühe gespart. Da war eine ganze Doppelseite mit verschiedenen Materialien zu ihrem Thema abgedruckt. Unter anderem auch ein Text des umstrittenen Philosophen.

Übrigens, wenn du dein Thema nicht ganz genau im Schulbuch findest, dann solltest du dich trotzdem bemühen, herauszufinden, zu welchem Schulbuchkapitel dein Thema gehört. Ein Schüler, der das Haber-Bosch-Verfahren nur am Rande im Kapitel „Chemisches Gleichgewicht" fand, konnte dadurch den Schwerpunkt seines Referates auf diesen Aspekt ausrichten. Die Chemielehrerin war beeindruckt, dass sein Referat nicht oberflächlich war.

Wikipedia

Man könnte sich streiten, ob eine Seite wie Wikipedia verlässliche Informationen liefert oder nicht. Das möchte ich hier jedoch nicht diskutieren.

Fakt ist: Wikipedia ist super als erste Anlaufstelle, wenn du dir einen schnellen Überblick über ein Thema verschaffen willst.

Wichtig ist nur, dass du das Wikipedia-Prinzip im Hinterkopf hast. Jeder darf dort etwas reinschreiben. Das birgt natürlich die Gefahr, dass auch falsche Informationen zu finden sind. Deshalb schlage ich vor, dass du zwei wichtige Funktionen von Wikipedia nutzt:

Der Reiter: Diskussion

In der Diskussionsseite werden abweichende Meinungen zu verschiedenen Inhalten besprochen. Hier werden Fragen geklärt und Kritik an der Seite geübt, falls unrichtige Darstellungen im Artikel stehen. Hier kann man schnell feststellen, ob der Artikel verlässlich ist oder nicht.

Die Kapitel: Literatur und Einzelnachweise

Am Ende jedes Wikipedia-Artikels werden die Quellen angegeben, die ihm zu Grunde liegen. Sie sind ein guter Ausgangspunkt für deine eigene Recherche. Schön ist auch, dass Internet-Quellen direkt verlinkt sind.

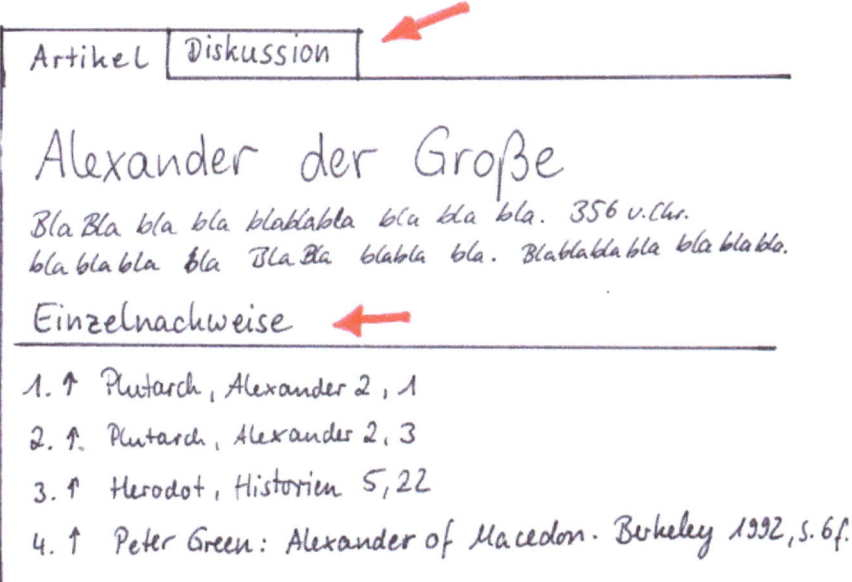

Gut gesucht ist halb gefunden

Hier habe ich eine kleine Liste mit meinen Lieblings-Suchoperatoren (z.B. bei Google) zusammengestellt. Sie können die gezielte Recherche nach Informationen im World Wide Web ziemlich vereinfachen. (Beachte: keine Leerzeichen hinter den Suchoperatoren eingeben. Sonst klappt das nicht.)

"blablabla"	Das Wort oder die Wortgruppe zwischen den Anführungszeichen wird in genau der angegebenen Form gesucht. So finden z.B. Lehrer Plagiate.
site:webseite.de	Sucht nur innerhalb der angegebenen Webseite
..	Mit diesem Zeichen kannst du einen Zahlenbereich angeben. Das ist vor allem bei Jahreszahlen ziemlich geschickt. z.B. Hexenverfolgung 1200..1400

-unerwünschtes Wort	Wenn du für ein Biologiereferat die Geschwindigkeit eines Jaguars (Raubtier) brauchst, deine Suchmaschine dir aber nur Treffer von Auto-Seiten liefert, dann kannst du eingeben: Jaguar Geschwindigkeit –Auto
-site:unerwünschte Webseite	Wenn du keine Treffer von z.B. Wikipedia willst, kannst du eingeben: Hexenverfolgung -site:wikipedia.org
*Platzhalter	Wenn ein Wort unbekannt ist, kannst du dafür einen * einsetzen. z.B. Geteiltes * ist halbes *
OR	Wenn du OR zwischen Begriffe schreibst, dann muss nur einer der Begriffe im Suchergebnis enthalten sein.

Englischsprachige Quellen

Ab der 10. Klasse sollte dein Englisch so gut sein, dass du auch englischsprachige Webseiten, Videos, Zeitschriften und Bücher in deine Recherche mit einbeziehen kannst.

Manchmal kommt es sogar vor, dass du zu deinem Thema auf deutschen Internetseiten keine oder nur wenig Informationen findest. So ging es einer Schülerin, die über das Thema „Mode als Instrument der Repräsentation zu Zeiten Karls II. von England" recherchierte. Trotz umfangreicher Suche über die geschichtlichen Hintergründe, politischen Ereignisse und das Leben am Hof, fand sie nur heraus, dass sich Karl II. auch durch seine Kleiderordnung deutlich von Frankreich abgrenzen wollte.

Erst als sie den Schritt wagte, auch Seiten auf Englisch hinzuzuziehen (Suchbegriffe: Charles II fashion) fand sie einen interessanten Aspekt: Die Mode, die Karl II. an seinem Hof vorschrieb, prägte die Herrenmode nicht nur damals, sondern hat bis heute Einfluss: Sie ist der Vorläufer des heutigen Herrenanzugs.

Noch gravierender war das Thema von Christian. Er schrieb seinen Seminarkurs über „Positive Psychologie".

Die Forschung dieses noch jungen Teilgebiets der Psychologie fand überwiegend in der USA statt. In Deutschland setzte sich das Konzept in der wissenschaftlichen Forschung weniger durch, wurde jedoch von der Selbsthilfe-Community stark verbreitet.

Die Folge für Christian war, dass er auf deutschen Webseiten zwar viel Material fand, das jedoch nicht als wissenschaftlich eingestuft werden konnte. Außerdem war ein Teilaspekt unklar und widersprüchlich dargestellt.

Erst als er sich der englischsprachigen Originalliteratur zuwandte, fand er auch konkrete Untersuchungsergebnisse. Der widersprüchliche Inhalt entpuppte sich als Übersetzungsfehler. Das englische Wort „engagement" wurde mit „Engagement" übersetzt, obwohl es in diesem Kontext besser als „Beschäftigung, Verpflichtung, Einstellung" übersetzt werden würde.

Beachte die Qualität deiner Quellen

Bei der Recherche solltest du nicht alles glauben, was da so steht. Das gilt nicht nur für die Bild-Zeitung, sondern auch für das Internet. Viele Seiten sehen auf den ersten Blick vertrauenswürdig aus, sind es aber nicht. Ein Beispiel (auf das ich übrigens gestoßen bin, weil eine Lehrerin die Quellenqualität nicht beachtete und falsche Informationen an ihre Schulklasse weitergab):

Thema: Monatsgenaue Abschreibung von Anlagevermögen im Anschaffungsjahr (Fach BWL)

Der erste Treffer bei Google führt zu der Webseite www.rechnungswesen-verstehen.de

Die Seite sieht professionell und übersichtlich aus. Aber der Sachverhalt wird dort vollkommen falsch dargestellt. Es wird eine Regelung beschrieben, die im Rechnungswesen noch nie Anwendung fand.

Wenn du genauer hinschaust und weiter nach unten scrollst, dann stellst du fest, dass die Seite ein Blog ist, zu dem auch Kommentare und Bewertungen abgegeben werden. Und die sind nicht sehr positiv hier.

Wirst du bei den Kommentaren nicht fündig, dann hilft der Blick ins Impressum und auf den Autor weiter. Dieser schreibt über sich, dass er Kaufmann für audiovisuelle Medien und Informatiker ist. Der hat also nicht unbedingt Ahnung von BWL.

Besser ist es deshalb, wenn du dir mindestens die ersten fünf Treffer bei Google anschaust. Dann stellst du schnell fest, dass auf den anderen Seiten keine Rede von der ominösen Regelung ist.

Oder du schaust bei Wikipedia. Da schauen bei populären Themen so viele Fachleute drüber, dass solche Fehlinformationen relativ schnell behoben werden. Außerdem werden dort Quellen angegeben, wo du nachlesen kannst, woher die Information kommt.

Recherche als Prozess

Andreas Kalt[1], Lehrer am Kreisgymnasium Neuenburg, beschreibt das Dilemma der Recherche auf seiner Webseite sehr treffend:

Einer der ersten Schritte bei der Recherche ist, dir zu überlegen, **wonach** du suchst. Natürlich kennst du das Thema deines Referats, aber das bedeutet noch nicht, dass du wirklich weißt, **worum es bei diesem Thema geht**. Der Erfolg deiner Recherche wird aber sehr stark davon abhängen, ob du weißt, *was* du finden möchtest.

Hier stellt sich zunächst ein scheinbares Problem:

- Du möchtest recherchieren, um mehr über ein Thema heraus zu finden.
- Um erfolgreich recherchieren zu können, musst du etwas über das Thema wissen.

Wie soll man da vorankommen? Die Antwort heißt: du musst dich in kleinen Schritten in das Thema hinein arbeiten und bei jedem Schritt die Informationen anwenden, die du in den vorigen Schritten gefunden hast. Damit **erweiterst** du bei jedem Schritt dein Wissen und dringst „tiefer" in das Thema vor. Du arbeitest dich vorwärts, indem du denselben Ablauf (Suche – Auswertung – Suche – Auswertung) mehrmals hintereinander durchführst.

Die folgende Grafik soll diese Vorgehensweise verdeutlichen:

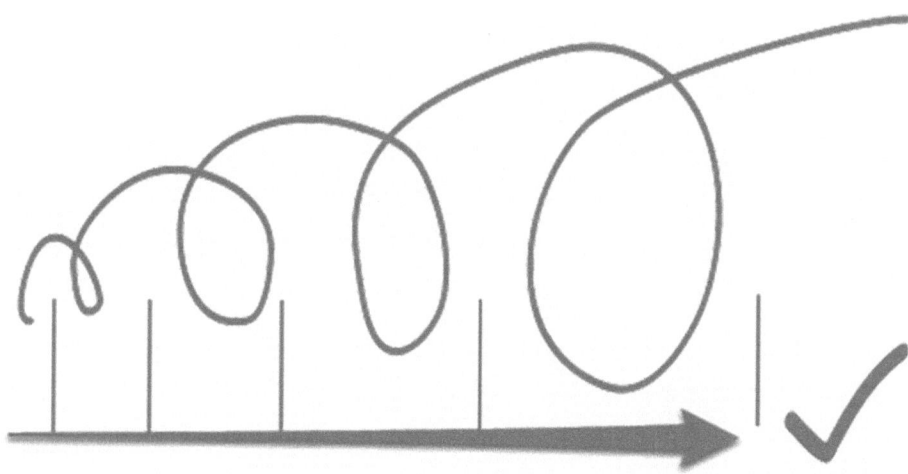

Karteikarten

Karteikarten sind eine große Hilfe bei der Erstellung eines Referats. Sie eignen sich hervorragend für das Sammeln von Informationen, Fakten, Diagrammen, kleinen Zeichnungen, Kurzzusammenfassungen und Ideen für die Präsentation.

Du musst keine teuren Karteikarten benutzen. Es reicht vollkommen, wenn du einige DIN A 4 – Blätter auf eine passende Größe zerteilst. Das hat auch den Vorteil, dass du weniger Skrupel hast, alle Begriffe aufzuschreiben und später wegzuwerfen, wenn sich rausstellt, dass sie überflüssig sind.

Im nächsten Schritt kannst du sie wunderbar auf einem großen Tisch oder dem Fußboden ausbreiten und strukturieren. Du kannst sie auch nach Relevanz sortieren, erkennen, ob du die gleiche Info mehrfach notiert hast und vieles mehr.

Eigentlich gibt es nur eine Phase eines Referats bei dem die Karteikarten niemals auftauchen sollten: beim Vortrag.

Das Notiz-Buch

Benutze ein leeres Notizbuch (DIN A 4) für deine Recherche und die Denkvorgänge, die dabei in Gang gesetzt werden.

In einem Notizbuch kannst du die Informationen, die du zusammenträgst, viel übersichtlicher sammeln als in einer Zettelwirtschaft. Die Notizen bleiben schön zusammen, du hast immer alles dabei und du siehst deutlich, was du schon alles geschafft hast.

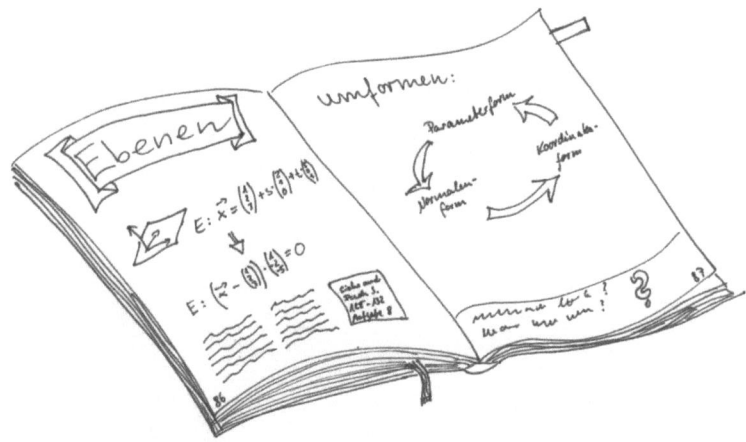

Es macht schon einen großen Unterschied, ob du in ein ordentliches Notizbuch reinschreibst oder einfach auf einen schnöden Zettel. Du schreibst schöner und machst dir mehr Gedanken beim Aufschreiben. Statt seitenweise Ausdrucke aus dem Internet zu sammeln, fertigst du dir kurze Exzerpte (Mini-Zusammenfassungen, die das für dich Wesentliche enthalten) an und zeichnest dir eine kleine Skizze dazu oder klebst eine interessante Grafik dazu ein.

Ein paar hilfreiche Tipps für dein Notizbuch:

- Finde für jede Seite eine **passende Überschrift**, die die „Big Idea" widerspiegelt. Das erleichtert dir den Überblick über deine Sammlung. Schreib die Überschrift groß auf die Seite und male sie bunt an. Für das Sortieren im Anschluss kannst du dir die Überschriften aus deinem Notizbuch auf Karteikarten schreiben oder die Seiten schnell kopieren.

- Notiere **deine Denkprozesse** und deine aufkommenden **Fragen** in deinem Notizbuch, auch wenn du noch nicht weißt, ob du das später noch brauchen wirst.

- Fertige zu jeder Seite eine kleine, aber aussagekräftige **Zeichnung** an. Sie muss nicht schön sein, sie muss nur das Wesentliche enthalten. Da reichen Pfeilbilder oder Strichmännchen vollkommen aus. Oder klebe Ausdrucke von guten Grafiken aus dem Internet oder Kopien aus Büchern ein.

- Die Skizze dient dir später zur Orientierung und spart dir Zeit, wenn du eine Visualisierung für deine Präsentation suchst.

- Schreibe dir Zusammenfassungen und Kernaussagen mit **eigenen Worten** auf. Du wirst dadurch gezwungen, dich mit den Inhalten deiner recherchierten Quellen auseinanderzusetzen und darüber nachzudenken. Dabei lernst du die Inhalte und übst das Formulieren. Dadurch fällt dir später das freie Halten deines Vortrags leichter.

- Schreibe dir immer die **Quellenangaben** dazu. Auch wenn du eine Dokumentation angeschaut oder eine Radiosendung gehört hast und die wichtigen Punkte daraus notierst. Namen der Autoren, Jahr und Titel reichen aus, um die Quelle später wieder aufzufinden.

- Bei einer Seminararbeit, die sich über das ganze Schuljahr zieht, solltest du auf den letzten vier Seiten deines Notizbuchs die gesamte Quellenangabe notieren. Wenn du die Information später verwenden willst, bist du froh darüber. Nicht immer ist ein Buch aus der Bibliothek zum nochmaligen Ausleihen vorhanden.

Exzerpte (Abstracts)

Exzerpieren ist eine alte Methode wissenschaftlichen Arbeitens, die nahezu in Vergessenheit geraten ist. Zu Unrecht, denn copy & paste ist nicht die moderne Variante des Exzerpierens, wie viele glauben. Das Verfassen eines Abstracts geht über das bloße Kopieren oder Zusammenfassen eines Textes hinaus. Es unterscheidet sich nicht nur darin von einer Inhaltsangabe, dass du nur die wesentlichen Punkte für die eigene Themenstellung herausziehst.

Exzerpieren bedeutet auch, dass du dir eigene Gedanken dazu machst. Dass du von dem Vorhandenen ausgehend weiterdenkst und diese Gedanken oder Fragestellungen mit notierst. Dass du interessante Aspekte des Textes herauslöst und diese vor dem Hintergrund der eigenen Arbeit diskutierst.

Sehr treffend wird dieser Prozess durch das nebenstehende Zitat beschrieben. Es stammt von der österreichischen Schriftstellerin Friedericke Mayröcker, die für ihre Arbeiten mit zahlreichen Preisen ausgezeichnet wurde.

„Während des Exzerpierens fallen mir immer so schöne Sachen ein - es ist eine Art Parallelprozeß, ich exzerpiere etwas, ich höre dann in meinem Kopf etwas Ähnliches,[...] schreibe, um es vom Exzerpierten später als mein eigener Einfall wiedererkennen zu können, ein großes »F« dahinter, und so geht das alles völlig chaotisch."

Friedericke Mayröcker

Ausdruck versus Abstract

Kopieren und Ausdrucken ist bequem. Das ist zugleich Segen und Fluch. Da du ja bestimmt einen PC und einen Drucker oder ein All-in-one-Gerät mit Druck- und Kopierfunktion zur Verfügung hast, geht es dir wie den meisten Schülern: du druckst viel zu viele Internetseiten aus. Die sammelst du dann in einem Ordner oder auf einem Stapel ohne sie zu lesen.

Am Ende bist du dann gar nicht mehr fähig, dich durch den ganzen Datenmüll hindurchzuarbeiten und du wählst aus Zeitgründen die Ausdrucke mit den schönsten Bildchen aus. Dein Referat, das du daraus bastelst, ist irgendwie oberflächlich oder nicht dem Niveau der Klassenstufe entsprechend.

Wenn du zu deinen Quellen kurze Abstracts anfertigst, dann setzt du dich sofort mit dem Text auseinander. Du fasst die wichtigsten Kernaussagen zusammen und schreibst sie mit eigenen Worten auf. Das geht natürlich nur, wenn du über die Inhalte nachdenkst.

Durch das Benutzen deiner eigenen Worte kannst du in der Ausarbeitung und der Präsentation die Inhalte authentisch wiedergeben und plapperst nicht irgendwelche Sätze nach, die du selbst nicht verstehst.

Beim Aufschreiben fallen dir weiterführende Fragen ein, die deine Recherche voranbringen, so dass du dein Thema tiefgründiger bearbeitest.

Und nicht zuletzt sparst du dir immens viel Zeit, weil du die Inhalte gleich lernst und du so die nächsten Texte, die den gleichen Inhalt haben, gar nicht erst beachten musst. Du kannst zügig zur nächsten Welle der Recherche übergehen.

③ Werde

Experte

Eigne dir das Thema an

Wenn ich aus dem ganzen Buch den Punkt auswählen müsste, auf den es am meisten ankommt, dann wäre es das Verstehen des Themas. Dieser Schritt ist der wichtigste im gesamten Prozess. Und dieser Schritt ist es auch, der gute Referate von schlechten abhebt.

Damit meine ich, dass du dein Thema nicht nur lernen sollst, vielmehr alles daransetzen, es wirklich zu begreifen. Dazu gehört nicht nur, dass du dir über alle Einzelheiten klar wirst, sondern auch über die Zusammenhänge. Du musst einerseits das Thema in einen größeren Kontext einordnen und andererseits alle wesentlichen Punkte bis ins letzte Detail verstehen. Sprich: Du musst erst selbst ganz genau wissen, wovon du redest, damit du später eine überzeugende Präsentation halten kannst.

Dieser Schritt erfordert, zusammen mit der Recherche, die meiste Bearbeitungszeit. Der größte Fehler, der hierbei häufig gemacht wird, ist eigentlich immer der gleiche: Nämlich diesen Schritt wegzulassen.

Das bloße Recherchieren und Zusammentragen von Informationen, egal ob auf einem bis mehreren Stapeln oder in einem sauberen Ordner, reicht noch nicht aus, um das Thema zu erfassen.

Erst wenn du über das bloße Sammeln und inhaltsleere Wiedergeben (Papagei) des Stoffs hinausgehst, kannst du zum Experten werden und dann einen guten Vortrag halten. Ohne diese Komponente geht es nicht. Ohne ein grundlegendes Verständnis des Stoffs, kannst du nicht überzeugend und mitreißend referieren.

Im Idealfall läuft diese Aufgabe parallel zur Informationsbeschaffung ab, da sich immer wieder neue Fragen auftun und dann die Antworten gefunden werden müssen.

Ebenso verfährst du, wenn du etwas nicht verstehst. Du suchst dir noch weitere Quellen, die es dir einfacher erklären. Vielleicht ein Was-ist-was-Buch oder ein YouTube-Video. Oder du fragst jemanden, der sich damit auskennt? Von Bedeutung ist, dass du nicht lockerlässt, bis du es wirklich verstanden hast.

Reinzoomen und Rauszoomen

Um dein Thema so richtig zu verstehen, hilft es, die Perspektive zu wechseln. Bei fast jedem Thema ist es möglich in zwei Richtungen zu denken.

Du kannst einerseits dein Thema in Unterthemen oder Teilschritte zerlegen, die du dann einzeln besser verstehen kannst. Du betrachtest dein Thema dann quasi mit einer Lupe und zoomst immer weiter hinein zu den Einzelelementen und verschiedenen Beispielen.

Andererseits kannst du dein Thema auch aus der Vogelperspektive betrachten, d.h. immer weiter rauszoomen, bis du es in einen größeren Kontext einordnen kannst. Durch die Abgrenzung zu ähnlichen Themen kannst du oft dein eigenes Thema besser verstehen.

Martin Krengel[2] hat das in seinem Buch „Bestnote" sehr gut an einem Beispiel beschrieben: Wenn du in Google Maps nach einer Adresse suchst, dann werden dir zuerst das gesuchte Haus und die umliegenden Straßen angezeigt. Ist die Adresse in einem dir unbekannten Ort, dann bringt dir das nicht viel. Du zoomst so lange heraus bis du dich wieder auskennst. Du wechselst die Perspektive und kannst dich an bekannten Orten orientieren. Danach zoomst du wieder hinein, um vielleicht nach Parkmöglichkeiten oder Bushaltestellen in der Nähe zu schauen.

Bei deinem Referat machst du das dann genauso. Ob du nun reinzoomen oder rauszoomen musst, hängt natürlich von deinem Thema ab. Wenn du dir nicht sicher bist, dann probiere am besten beides aus.

Ein Beispiel aus der Praxis ist das Thema „Chemoautotrophe Bakterien" im Fach Biologie. Um herauszufinden, um was es bei diesem Thema geht, versuchte meine Schülerin es zunächst mit Reinzoomen. Sie fand einige Vertreter dieser Bakterien und die zugehörigen Reaktionsgleichungen, hatte aber das Gefühl, das Thema nicht richtig zu verstehen.

Die eigentliche Bedeutung ihres Themas wurde ihr erst klar, als sie es in einen größeren Kontext einordnete:

Sie wusste, dass sich Menschen und Tiere von anderen Tieren und Pflanzen ernähren und aus den organischen Substanzen (Zucker, Fette, Proteine) die notwendige Energie für ihren Stoffwechsel ziehen. Diese Organismen werden als heterotroph bezeichnet.

Dann gibt es noch Pflanzen und Bakterien, die aus anorganischen Substanzen wie CO_2 und H_2O organische Substanzen (Zucker, Fette, Proteine) aufbauen. Das sind dann autotrophe Organismen.

Beziehen sie dazu die Energie aus dem Licht der Sonne, nennt man sie **photo**autotroph. Nehmen sie hingegen die Energie aus chemischen Reaktionen, dann sind das **chemo**autotrophe Organismen. Hierzu gehören z.B. Bakterien, die in heißen Schwefelquellen in der dunklen Tiefsee leben.

Daraus entstand dann auch die Leitfrage, die meine Schülerin zu Beginn aufwarf und im Laufe des Referats beantwortete: Wie ist das eigentlich möglich, dass es in der Tiefsee Leben gibt, wo doch da gar kein Sonnenlicht hinkommt?

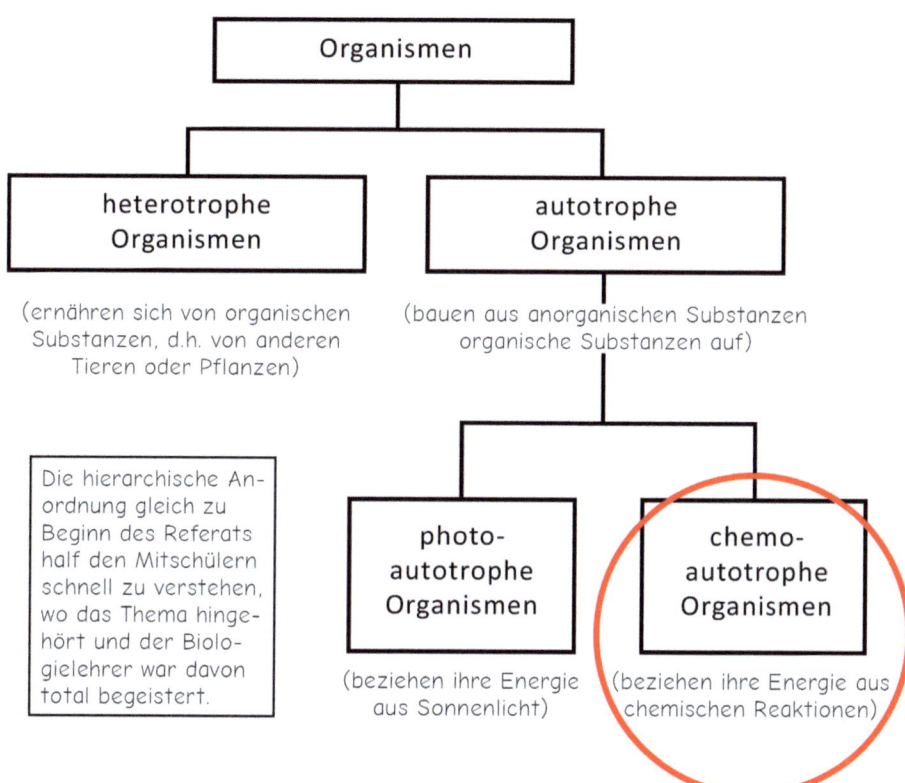

Variationenlernen

Mit Variationenlernen kannst du dich schnell in ein neues Thema einarbeiten und die Kernaussagen finden. Statt nur eine Quelle zu lesen und davon dann alles 1:1 zu übernehmen, entwickelst du ein Gefühl für das Wesentliche, wenn du mindestens 5 verschiedene Quellen zum gleichen Thema zunächst locker durchliest. Dein Unterbewusstsein nimmt schnell die Gemeinsamkeiten auf und erkennt die zu Grunde liegenden Muster. Auf diese Weise kannst du leicht die Essenz deines Themas herausdestillieren.

Zwei Quellen zu verwenden ist erfahrungsgemäß nicht ausreichend, da fast alle Schülerinnen und Schüler dann die erste Quelle mit den Zusatzinformationen der zweiten Quelle erweitern. Statt die Kernaussagen herauszufinden, wird auf diese Weise das Thema verwässert.

„Wenn du nur eine Quelle hast, wird es Plagiat genannt. Wenn du aber bei Hunderten die Ideen klaust, nennt man es Recherche."

- Austin Kleon –

Eine Quelle

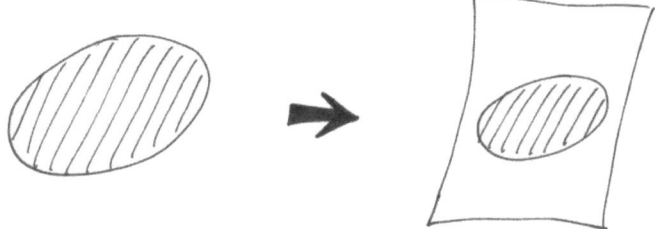

Zwei Quellen

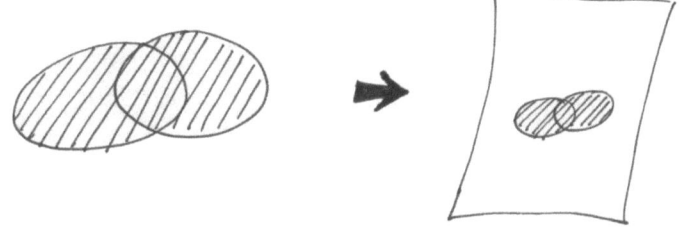

Viele Quellen

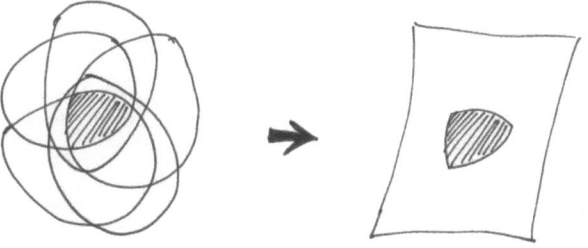

Zitate-Technik

Eine weitere Methode, sich schnell in einen neuen Themenbereich einzuarbeiten ist die Zitate-Technik, die von Vera F. Birkenbihl[3] beschrieben wird. Dazu suchst du dir einige Zitate im Internet oder aus Büchern zu deinem Thema zusammen und liest die langsam und bewusst hintereinander durch. Wenn dir schon erste Ideen und Fragen dazu einfallen, kannst du diese auch gleich notieren. Das war es schon.

Die Methode erscheint unspektakulär, ist aber höchst effektiv. Das liegt daran, dass (gute) Zitate einen sehr hohen Informationsgehalt besitzen. Zehn Zitate enthalten oft mehr Information als zig Seiten „normalen" Textes.

Um zu verstehen, wie hervorragend diese Technik funktioniert, solltest du sie am besten selbst mal ausprobieren. Das kannst du mit deinem aktuellen Thema machen oder auch mit den nebenstehenden Zitaten aus meiner (Notizbuch-)Sammlung zum Thema gute Präsentationen.

„Verwenden Sie Folien, die Ihre Worte bekräftigen, und nicht bloß wiederholen."

— Seth Godin —

„Powerpoint und Prezi sind wie die Sägen für den Schreiner, das eine die Stichsäge, das andere die Kreissäge – beide wichtig, aber keine baut einen Schrank."

— Michael Gerharz —

„Überladene Folien sind kein Grafikdesignproblem, sondern ein Denkproblem."

— Cliff Atkinson —

„Perfektion ist nicht dann erreicht, wenn es nichts mehr hinzuzufügen gibt, sondern wenn man nichts mehr weglassen kann."

— Antoine de Saint-Exupéry —

„Einfachheit ist die höchste Form der Raffinesse."

— Leonardo da Vinci —

„Man muss hart arbeiten, um das eigene Denken so klar zu bekommen, dass man es einfach machen kann."

— Steve Jobs —

Fragen stellen

„Wieso? Weshalb? Warum? – Wer nicht fragt bleibt dumm."

Das wurde schon vor über 40 Jahren in der Sesamstraße gesungen und hat seither nichts von seiner Relevanz eingebüßt. Um bei deiner Recherche noch weiter in die Tiefe zu gehen und ein grundlegendes Verständnis deines Themas zu bekommen, helfen dir diese Fragewörter immens weiter.

Die „Warum?"-Frage ist zwar oft sehr unangenehm und kostet Zeit, aber du kommst mit ihr zum Kern der Sache, zu den wesentlichen Punkten deines Themas.

Céline stieß bei ihrer Recherche auf einen Satz in einem Zeitschriftenartikel, den sie zunächst nicht ganz verstand: „Da die Demokratische Republik Kongo ein rohstoffreiches Land ist, entwickelt es sich schlechter als ein rohstoffarmes Land." Sie fragte sich „Warum?". Irgendwie schien es ihr logischer, wenn sich ein Land mit vielen Rohstoffen besser entwickeln würde, weil es ja dann reicher ist, mehr Geld und Möglichkeiten zum Aufbau einer guten Infrastruktur hat.

Sie ging dem Warum nach und fand schließlich heraus, dass verschiedene Gruppen innerhalb des Landes, die Nachbarländer und auch die Industriestaaten Interesse an den Rohstoffen haben und sich so zahlreiche Konflikte entwickeln, die das Land in Armut stürzen. Das wurde die gelungene Kernthese ihrer Präsentation.

Wer oder Was? führt dich direkt zu den Objekten, um die es geht. Die kannst du dann anschließend in einem Begriffsnetz zueinander in Beziehung setzen oder in Kategorien einteilen.

Wo? Diese Frage leitet dich zu der räumlichen Anordnung. Das kann eine Landkarte sein, aber auch im übertragenen Sinn die „Nähe" oder Anordnung der Objekte verdeutlichen.

Wann? Diese Frage bringt dich zu einem Zeitstrahl. Oder zeigt uns Widersprüche auf, wie bei Julia (Weiße Eltern – schwarzes Kind, siehe Seite 258), die ohne die Frage, seit wann es denn verlässliche DNA-Vaterschaftstests gibt, den Widerspruch ihres Prüfungsthemas nicht so gut aufklären hätte können.

Wie? Diese Frage führt dich zu einem Ablauf, zu Wirkungsketten oder Methoden.

Text in Bild übersetzen

Janine musste folgenden Text für ihr Referat verstehen. Dazu „übersetzte" sie den Text in Bilder, damit ihr das leichter gelingt.

Hier zuerst mal der Textteil, der Janine anfangs Probleme machte, aber unbedingt in ihr Referat musste:

„Die Malariaerreger befallen rote Blutkörperchen, vermehren sich in ihnen und bringen sie anschließend zum Platzen. Dabei werden massenweise neue Erregerzellen freigesetzt aber auch massenweise Abbauprodukte der roten Blutkörperchen, darunter der Stoff Häm, der den roten Blutzellen ihre rote Farbe verleiht, der aber, einmal freigesetzt, im Organismus toxisch wirkt und die typischen Fieberschübe und Entzündungsprozesse auslöst. Hier greift der Schutzmechanismus von Sichelzellträgern: Das mutierte Sichelzell-Hämoglobin bewirkt die pausenlose Produktion eines Enzyms, der Hämoxidase1. Dieses Enzym zerstört den giftigen Farbstoff Häm, sobald der frei im Blut zirkuliert und spaltet ihn in ungiftige Bestandteile[...] Er wird also nicht mehr übermäßig ins Blut freigesetzt, kann seine giftige Wirkung nicht mehr entfalten, also auch keine Entzündungsreaktionen wie die Malariaencephalitis auslösen."[4]

Zuerst teilte Janine den Text in Abschnitte ein, die sie dann aufmalte. Ihre Zeichnung bestand hauptsächlich aus Dreiecken, Zickzacks, Kreisen und Pfeilen, war aber wesentlich verständlicher als der Text. Deshalb benutzte sie ihre Bilder dann auch in der Präsentation, um den Schutzmechanismus zu erklären.

„Die Malariaerreger befallen rote Blutkörperchen, vermehren sich in ihnen und bringen sie anschließend zum Platzen."

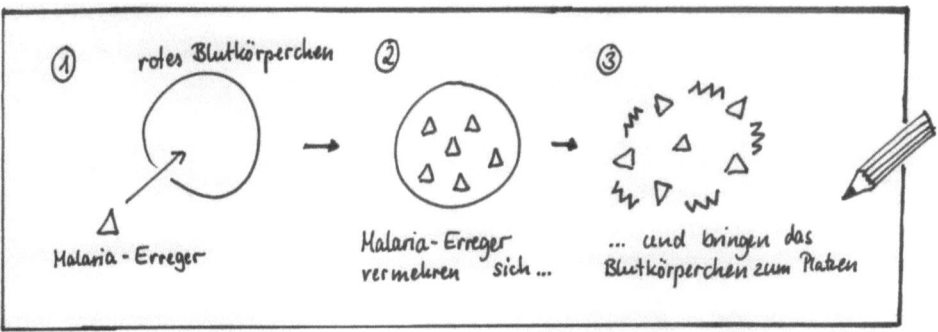

„Dabei werden massenweise neue Erregerzellen freigesetzt aber auch massenweise Abbauprodukte der roten Blutkörperchen, darunter der Stoff Häm, der den roten Blutzellen ihre rote Farbe verleiht, der aber, einmal freigesetzt, im Organismus toxisch wirkt und die typischen Fieberschübe und Entzündungsprozesse auslöst."

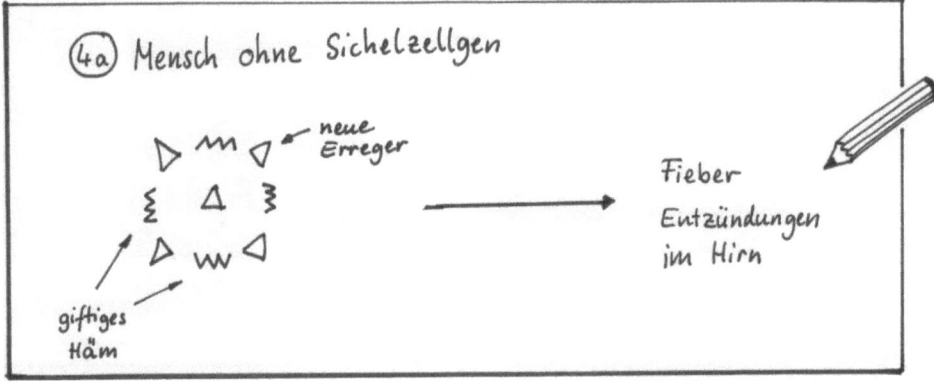

„Hier greift der Schutzmechanismus von Sichelzellträgern: Das mutierte Sichelzell-Hämoglobin bewirkt die pausenlose Produktion eines Enzyms, der Hämoxidase1. Dieses Enzym zerstört den giftigen Farbstoff Häm, sobald der frei im Blut zirkuliert und spaltet ihn in ungiftige Bestandteile,..."

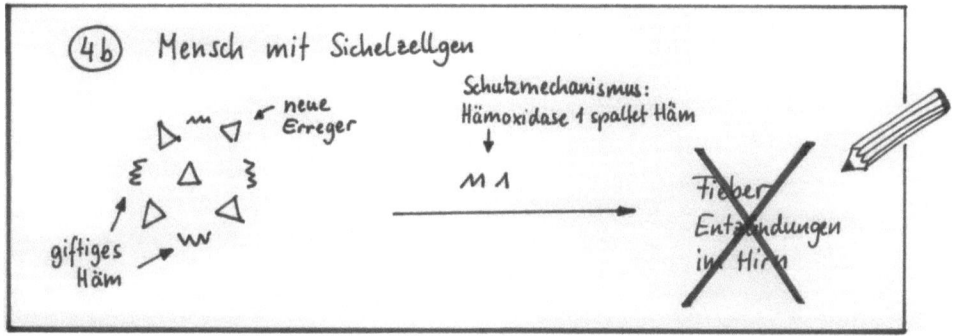

„Er wird also nicht mehr übermäßig ins Blut freigesetzt, kann seine giftige Wirkung nicht mehr entfalten, also auch keine Entzündungsreaktionen wie die Malariaencephalitis auslösen."

Woran merkt man, dass man es verstanden hat?

Es kommt häufig vor, dass ein Schüler denkt, das Thema verstanden zu haben, ohne dass dies so ist. Damit du nicht in die Falle tappst, nur oberflächliches Wissen angehäuft zu haben, kannst du anhand der folgenden Punkte überprüfen, ob du dein Thema wirklich verstanden hast.

- Wenn du das Thema in eigenen Worten wiedergeben kannst, so dass es auch ein 6-jähriges Kind versteht.
- Wenn du Fragen zu deinem Thema beantworten kannst.
- Manchmal hapert es schon beim Stellen der Fragen. Kannst du aus dem Stegreif zwölf gute Fragen zu deinem Thema stellen? Mach diese Übung am besten schriftlich.
- Wenn du ein durchdachtes Fazit unter deine Ausarbeitung schreiben kannst.

- Wenn du den Fahrstuhl-Test bestehst. Du stellst dir vor, dass du mit dem Aufzug zum 10. Stock fährst und während der Fahrt einem Mitfahrer das Wichtigste von deinem Thema erzählst.
- Wenn du den Sachverhalt in einer einfachen Zeichnung darstellen kannst. Strichmännchen und Pfeile reichen da vollkommen aus. Die Aussagekraft deiner Zeichnung ist wichtig.
- Wenn du eine oder mehrere Leitfragen formulieren kannst oder die Leitfrage, die dir gestellt wurde, fundiert – nicht nur oberflächlich - beantworten kannst.
- Wenn du (z.B. in Mathe oder Physik) verschiedene Rechenaufgaben zum Thema lösen kannst.

④ Finde

die Struktur

Finde die Struktur

In diesem Schritt geht es darum, den Lernstoff zu strukturieren. Er ist so wichtig, weil du dabei die Inhalte deines Themas miteinander verknüpfst. Das kannst du mit einzelnen Teilen machen oder auch mit deinem gesamten Thema. Je mehr verschiedene Strukturen du finden kannst, desto besser.

Wenn du das Wissen in deinem Kopf vernetzt, entsteht eine kognitive Landkarte in der du dich durch dein Wissensgebiet bewegen kannst.

Du kannst dir bestimmt eine Filmszene vorstellen, in der ein Verbrecher in einem Freizeitpark gejagt wird. Während die Polizei nur den Wegweisern folgen kann, kennt sich der Verbrecher gut aus und entkommt über verborgene Verbindungswege.

Oder du warst mal bei Ikea. Da gibt es diese Abkürzungen, die einen direkt zum Restaurant oder zu der Kasse führen, wenn man nicht durch die ganze Ausstellung laufen will.

So wie sich der Verbrecher viel flexibler im Freizeitpark bewegen kann und wir im Ikea viel schneller zu unserer Schwedischen Mandeltorte kommen, kannst du dich viel gewandter durch dein Wissensnetz bewegen, wenn du über eine detaillierte kognitive Landkarte verfügst.

Das Strukturieren deines Materials ist ein mächtiges Werkzeug, um das zu erreichen. Beachte, dass es hier zunächst noch nicht um die endgültige Struktur deiner Präsentation geht, sondern lediglich darum, die Inhalte zu lernen. Nicht selten kommt es jedoch vor, dass eine der gefundenen Strukturen so schön das Thema widerspiegelt, dass diese später als Struktur für deine Präsentation dient. Du solltest diesen Aspekt aber zu Beginn außen vor lassen, da dich der Gedanke an die Präsentation zu sehr einschränkt und das wirkliche Verstehen und Lernen unnötig erschwert.

Außerdem sparst du bei der Präsentationplanung so richtig viel Zeit, wenn du diesen Schritt sorgfältig durchführst.

Struktur-Lege-Technik

Schreib dir deine gefundenen Stichpunkte und Skizzen auf Karteikärtchen. Mach dir Platz auf einem großen Tisch oder auf dem Boden und verteile dort alle Kärtchen, so dass du sie alle sehen kannst.

Verschiebe nun die Kärtchen und versuche eine Struktur damit zu legen.

Gibt es Gemeinsamkeiten? Unterschiede? Widersprüche? Oder findest du einen Ablauf?

Der Vorteil der Struktur-Lege-Technik gegenüber dem Aufschreiben auf ein Blatt ist, dass eine Anordnung der Kärtchen schneller wieder verändert werden kann. Der Druck, es gleich beim ersten Versuch richtig zu machen, fällt weg. Du kannst deiner Kreativität freien Lauf lassen. Deshalb entdeckst du so oftmals Strukturen, die du mit Papier und Stift oder am PC niemals gesehen hättest.

Die Flohmarkt - Technik

Geh in euren Hobbykeller oder die Garage, sorge dafür, dass du genügend Platz auf dem Fußboden oder besser noch auf einem Tapeziertisch und/oder mehreren Biertischen von der letzten Party hast. Stelle sie außen herum an der Wand auf. Breite dann alles, was du an Informationen gefunden hast, auf den Tischen aus, so dass du alles in Ruhe betrachten kannst.

Post-it-Notes am Whiteboard

Eine sehr gelungene Kombination. Mach dir zu allen deinen gefundenen Informationen Stichworte und kleine Zeichnungen mit einem dicken Filzstift auf Klebe-Notizen. Regel: Was zu lang für Filzstift und Notizzettel ist, ist noch zu komplex und muss vereinfacht werden.

Am Whiteboard kannst du dann auch gleich Zusammenhänge zwischen den einzelnen Punkten darstellen. Falls du kein großes Whiteboard hast: eine große Fensterscheibe eignet sich genauso. Achte darauf, abwischbare Stifte zu benutzen.

Wandmalerei

Wandmalerei wie bei den Höhlenmenschen? Ein großes Papier an der Wand (z.B. Packpapier von der Rolle oder Moderationspapier) schon während der Recherche aufgehängt, bietet dir von Anfang an einen hervorragenden Überblick. Notiere deine Resultate, deine eigenen Überlegungen und Fragen (Vorsicht, dass der Stift nicht auf die Tapete durchdrückt). In Geschichte bietet es sich auch an, einen Zeitstrahl auf das Plakat zu malen, wo du die gefundenen Infos auch gleich einordnen kannst.

Cluster oder Begriffsnetze

Notiere deine zentralen Begriffe auf ein Blatt und setze sie durch Pfeile zueinander in Beziehung. Dann hältst du noch die Art der Beziehung zueinander fest.

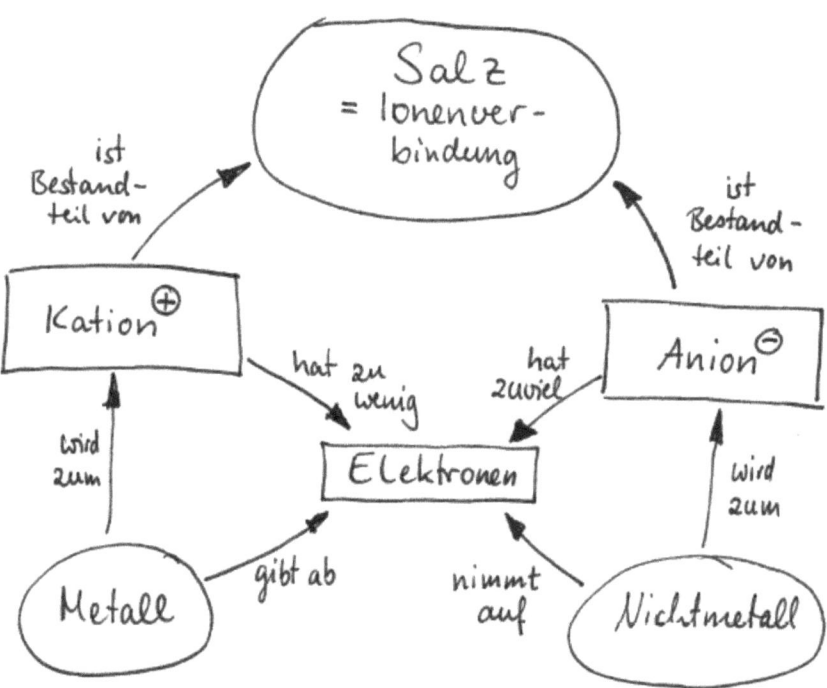

Ablaufdiagramm

Teile Abläufe für einen besseren Überblick in zwei bis drei große Schritte ein, statt sie in vielen kleinen Einzelschritten darzustellen. Dazu passt oft eine Gliederung am Rand der Präsentation (Seite 147).

Beispiel: Vom Bauxit zum Aluminium

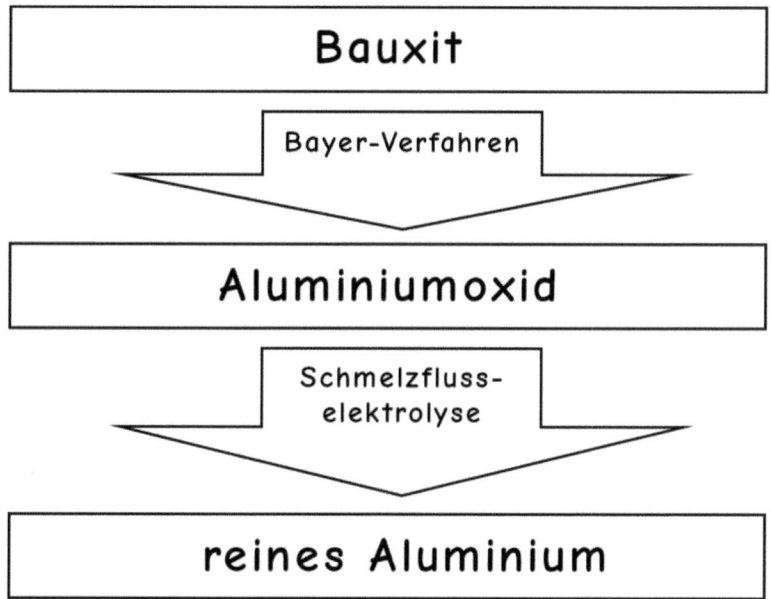

Wirkungskette

Wirkungsketten eignen sich, um komplexe Ursache-Wirkungsgefüge übersichtlich darzustellen. Typische Beispiele sind biologische Abläufe oder volkswirtschaftliche Modelle.

Beispiel: Auswirkungen einer Leitzinserhöhung der Europäischen Zentralbank (EZB)

Polaritätsachsen

Polaritätsachsen sind immer dann angebracht, wenn zwischen zwei Gegensätzen oder Extremen auch Zwischenwerte sinnvoll sind, also eine eindeutige Zuordnung nicht immer möglich ist. Bildhaft gesprochen: Wenn es nicht nur schwarz und weiß gibt, sondern auch die Graustufen dazwischen beachtet werden müssen.

Beispiel: Länder im Nahen Osten

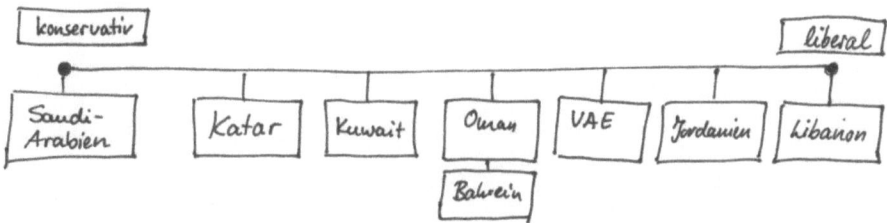

Beispiel: Verhalten für $x \to \infty$

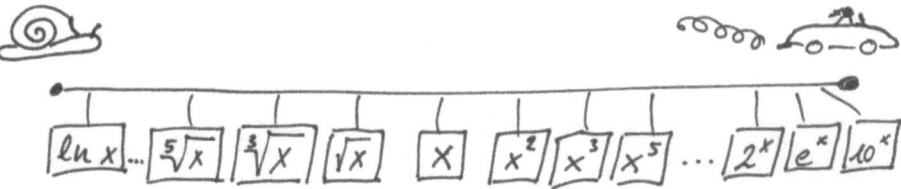

Zeitstrahl

Ein Zeitstrahl ist nicht nur für Geschichte geeignet. Sehr oft kann man in anderen Fächern Zusammenhänge nur erkennen, wenn man sich die zeitliche Anordnung anschaut.

Für ihr Referat in Ethik „Abtreibung – Mord oder Recht der Frau?" musste Hannah zunächst die verschiedenen Stadien der Entstehung menschlichen Lebens betrachten, um die unterschiedliche Argumentationsweise von Abtreibungsgegnern und –befürwortern zu durchschauen. Dazu legte sie sich einen Zeitstrahl von der Befruchtung bis zur Geburt an.

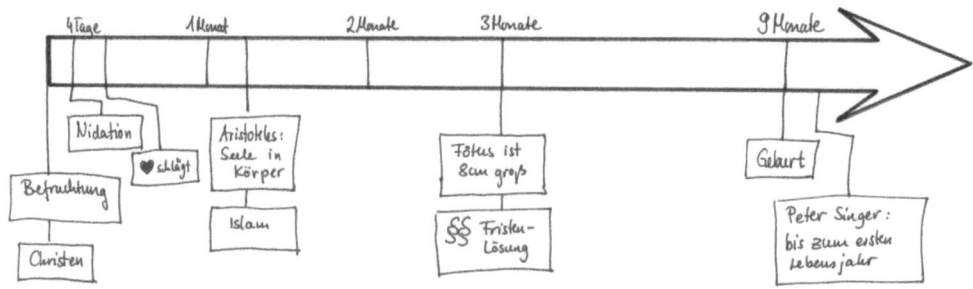

Venn-Diagramm

Für seine Präsentationsprüfung zum Thema „Saudi Arabia vs. Lebanon" wollte Tobi die Kulturen der beiden Länder vergleichen im Hinblick auf Geschäftsbeziehungen. Das stellte er übersichtlich in einem Venn-Diagramm an der Pinnwand vor. Zuerst zeigte er nur die Unterschiede auf, malte dann die überlappenden Kreise und ging am Ende auf die Gemeinsamkeiten ein.

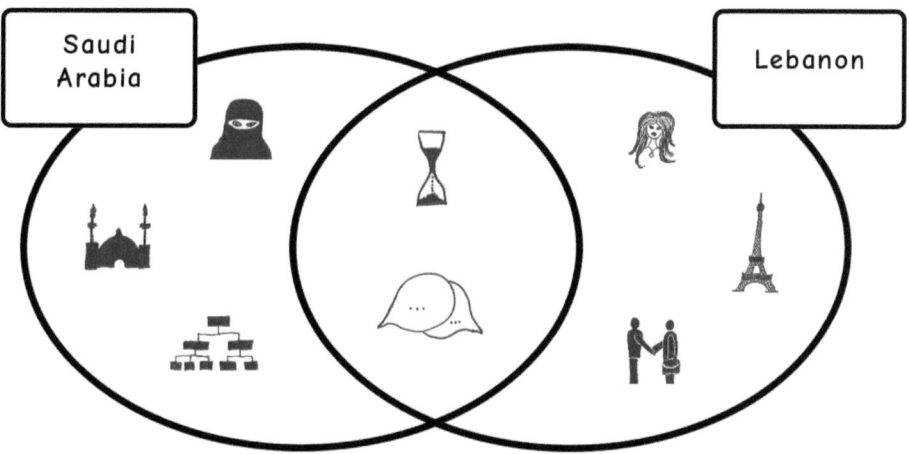

⑤ Sorge dafür, dass du

verstanden
wirst

Werde konkret

Mit abstrakten Formulierungen langweilst du deine Zuhörer. Wenn du jedoch

- Beispiele,
- Geschichten,
- Bilder, Skizzen,
- Metaphern oder Analogien einsetzt oder
- von konkreten Fällen berichtest,
- Dinge beim Namen nennst und
- das eine oder andere Detail erzählst,

dann wirst du konkret. Dein Publikum fühlt sich dann gut unterhalten. Hier ist ein Beispiel von Johannes, der bei seiner Präsentationsprüfung im Abitur über die Möglichkeiten, die Jugendliche haben, die Gegenwart zu gestalten, referierte.

Sein Erstentwurf sah so aus:

„Ein Verein ist ein Zusammenschluss von Personen, der im Vergleich zu Bürgerinitiativen auf eine längere zeitliche Dauer angelegt ist. Ein

Jugendlicher kann einem Verein beitreten und so die Gegenwart aktiv mitgestalten."

Das war zwar alles richtig, aber eben auch irgendwie nichtssagend und oberflächlich. Um seine Ausführungen interessanter zu machen, probierte er, konkrete Beispiele einzuflechten. Das hörte sich dann so an:

„Vereine, wie Amnesty International, die sich für die Wahrung der Menschenrechte einsetzen, oder Greenpeace, die sich für den Umweltschutz stark machen, bieten eine weitere Möglichkeit für Jugendliche, sich zu engagieren. Das kann der Jugendliche entweder passiv durch seine Mitgliedschaft tun oder auch durch die aktive Mitarbeit im Verein oder bei einzelnen Projekten."

Inhaltlich liefern beide Texte das Gleiche. Der letztere hört sich jedoch viel interessanter und fundierter an, als der erste. Das liegt an den konkreten Beispielen und Details, die sich deine Zuhörer besser vorstellen können. Johannes hat es im zweiten Text geschafft, seine Kernaussage mit Leben zu füllen.

Vermeide Aufzählungsfolien

Nichts ist langweiliger als eine Präsentation, die aus lauter Folien mit Aufzählungszeichen besteht. Trotzdem sieht man das immer wieder. Manchmal werden solche Präsentationen auch als „professionell" angesehen. Das sind sie jedoch nicht.

Sie sind meist das Produkt von faulen Rednern, die während ihrer Recherchen sofort alles unbesehen und undurchdacht „auf die Folie" bringen (statt zuerst mal aufs Papier).

Aufzählungsfolien zu vermeiden macht zwar Arbeit, lohnt sich aber immer. Wenn die Aufzählung tatsächlich sinnvoll ist, dann kannst du durch den Einsatz von Grafikelementen oder Bildern die strikte Form der Liste durchbrechen. Besser noch ist es, wenn es dir gelingt, statt einer bloßen Auflistung der Einzelpunkte, eine Beziehung zwischen den Elementen herzustellen oder eine ansprechende Geschichte daraus zu machen.

Entscheide jedoch selbst, nachdem du dir die nachfolgenden Beispiele angeschaut hast.

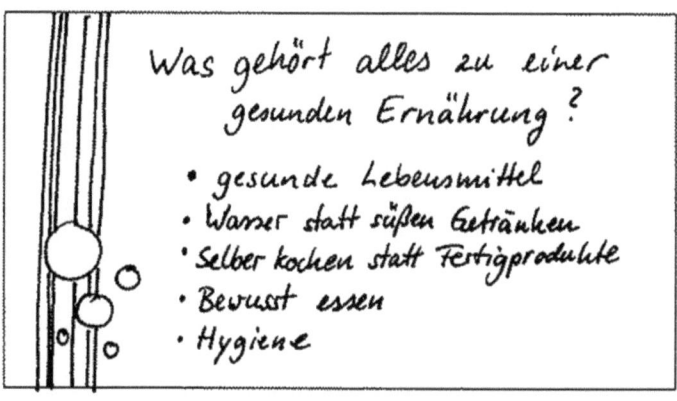

Alice griff das Design der Hintergrundfolie auf und schrieb ihre Aufzählung in runde Blasen. Dadurch wirkte diese Folie sehr erfrischend.

> **Das Abenteuer**
> - New York und Camp Halfblood auf Long Island
> - In St. Louis explodiert der Gateway Arch
> - In Denver wird es in einem Wasserpark gefährlich
> - In Las Vegas vergessen sie die Zeit im Casino
> - In Los Angeles finden sie den Eingang zur Unterwelt

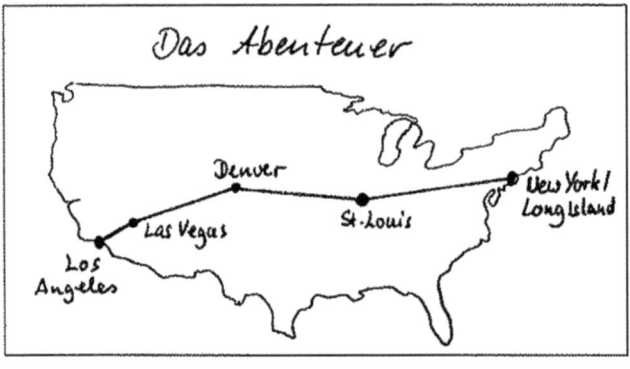

Marwin ersetzte seine Aufzählung durch eine Landkarte. Die Reiseroute wurde beim Erzählen der Geschehnisse nach und nach aufgebaut. Das erreichte er durch einfache Linien, die er auf dem Bild platzierte und mit Wischen animierte.

Antonia peppte ihre Folie auf, indem sie statt der Auflistung gleich ein passendes Bild zu jedem Geschäftsfeld lieferte.

Animationen und Effekte

Wenn Animationen lediglich dazu da sind, die Präsentation interessanter oder dynamischer wirken zu lassen, dann verzichte lieber darauf. Solche Effekte lenken vom Inhalt ab, statt ihn zu unterstreichen. Text, der in die Folie hereinhüpft, mag ja beim ersten Aufzählungszeichen noch ganz lustig sein, wirkt aber bei durchgehender Benutzung regelrecht albern.

Das bedeutet jedoch nicht, dass Animationen generell schlecht sind. Immer dann, wenn sie es dem Zuhörer erlauben, dem Vortrag leichter zu folgen, sind Animationen sinnvoll.

Bei Aufzählungen ist es für dein Publikum einfacher, wenn du die Unterpunkte dann erscheinen lässt, wenn du auch etwas dazu sagst, statt alle Gliederungspunkte auf einmal einzublenden. Deine Zuhörer können dir dann besser folgen.

Bei komplexen Schaubildern oder Diagrammen ist es besser, wenn du sie während deines Vortrags Schritt für Schritt aufbaust, so dass du deinen Zuhörern die neuen Aspekte dann zeigst, wenn du darüber sprichst.

Effekte sind auch immer dann angebracht, wenn sie die inhaltliche Aussage deines Vortrags verstärken. Wenn die Animation selbst eine Information darstellt, die sonst mit einem Wort oder Satz beschrieben werden müsste.

Ein schönes Beispiel dafür war eine Präsentation von Marko zum Thema Wärme. Als er die Auswirkungen von Wärmezufuhr darstellte, setzte er fast die ganze Palette an Effekten ein, die Powerpoint zu bieten hat.

Trotzdem wirkte die Präsentation einheitlich, weil er auf jeder Folie dieselbe Farbpalette und wiederkehrende Elemente benutzte, z.B. den Pfeil, der die Wärmezufuhr darstellte und der immer von links auf die Körper einwirkte, Animation „Hereinfliegen".

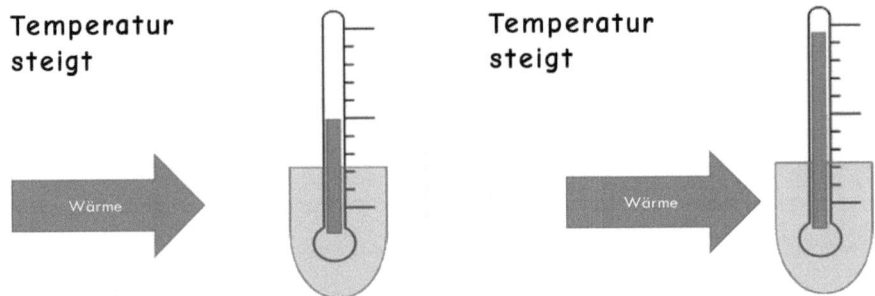

Marko legte über ein kleines Rechteck (links) ein längeres Rechteck (rechts) in den Thermometer. Das kleine ist von Anfang an zu sehen. Das längere erscheint mit dem Effekt „Wischen", von unten, sobald der Wärmepfeil eingeflogen ist. Dadurch steigt das Thermometer und zeigt den Temperaturanstieg deutlich an.

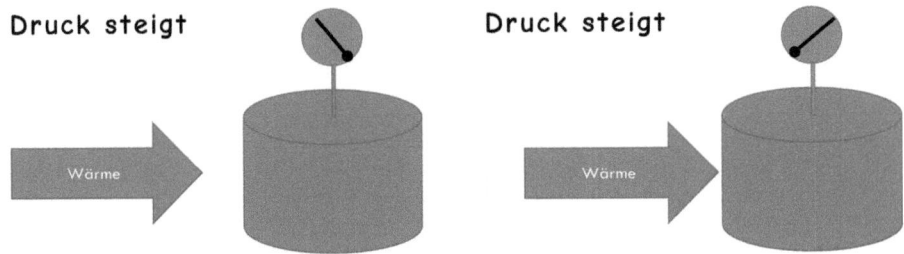

Am wenigsten spektakulär war die Darstellung des Druckanstiegs durch die Drehung des Zeigers. Der benutzte Effekt war „Rotation".

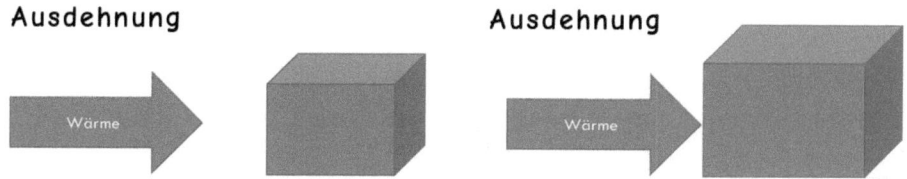

Die Ausdehnung eines Körpers bei Temperatureinwirkung konnte er einfach durch den Effekt „Vergrößern" erzeugen.

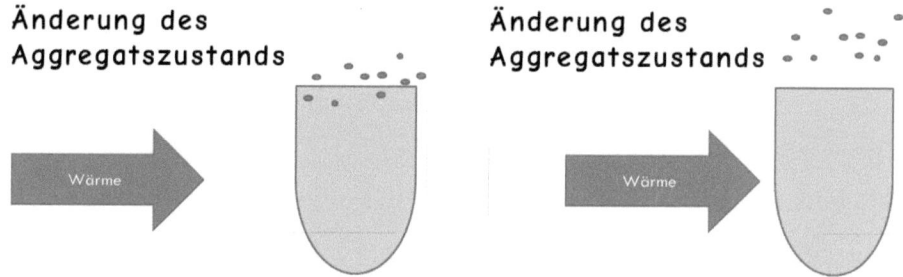

Um die Änderung des Aggregatzustands zu verdeutlichen, stellte Marko das Verdampfen einer Flüssigkeit dar. Zu Beginn sieht man am oberen Rand des Gefäßes ein paar einzelne Moleküle (Kreise), die dann mit dem Effekt „Hinausschweben" langsam nach oben steigen und dann verblassen.

Sinnvolle Bildgestaltung

Bei Präsentationen werden oft ungeeignete Bilder verwendet, die vom Vortrag ablenken, statt die Aufmerksamkeit des Zuhörers auf das Wesentliche zu ziehen.

Ein Bild enthält an sich schon sehr viel Information. Denke mal an die seitenlangen Bildbeschreibungen, die du im Fach Kunst anfertigst. Je detailreicher ein Bild ist, desto länger braucht das Gehirn, um die Bedeutung des Bildes zu erfassen und die wesentlichen Informationen herauszufiltern. Vermeide deshalb Bilder, deren Informationsgehalt künstlich erhöht ist, zum Beispiel durch

- bunte Farben, die einfach nur bunt sind, aber keine Aussagekraft besitzen
- überflüssige Details, die in deinem Vortrag nicht behandelt werden
- nutzlose Hintergrundornamente und Schnörkel

Dein Publikum hört dir sonst nämlich nicht zu. Und deinem Lehrer fallen möglicherweise Fragen zu den überflüssigen Elementen ein.

Geeignete Bilder sind schlicht und einfach. Sie enthalten genau die Information, die notwendig ist, um den Vortrag besser zu verstehen.

Leider findest du nicht immer Bilder, die ganz genau zu deinem Vortrag passen. Dann musst du die gefundenen Bilder bearbeiten, z.B. mit Photoshop oder Paint. Sehr nützlich ist vor allem der Radiergummi. Oft ist es jedoch einfacher, wenn du selbst eine Skizze oder Zeichnung auf Papier anfertigst und einscannst.

Bei ihrem Referat in Biologie zum Thema HIV-Resistenz, wollte Natascha ihrer Klasse zeigen, dass durch eine Mutation bei manchen Menschen ein bestimmtes Protein, der Co-Rezeptor CCR 5, nicht die richtige Form hat und deshalb der AIDS-Erreger nicht an die Zellen andocken kann. Das hat zur Folge, dass die Krankheit nicht (so schnell) ausbricht. Die Träger dieses Gens bezeichnet man als HIV-resistent.

Um die Andockproblematik anschaulich rüber zu bringen, wollte sie passende Bilder dazu zeigen.

Im Internet fand Natascha eine sehr schöne, bunte 3D-Darstellung von der betroffenen Bindungsstelle des HI-Virus.

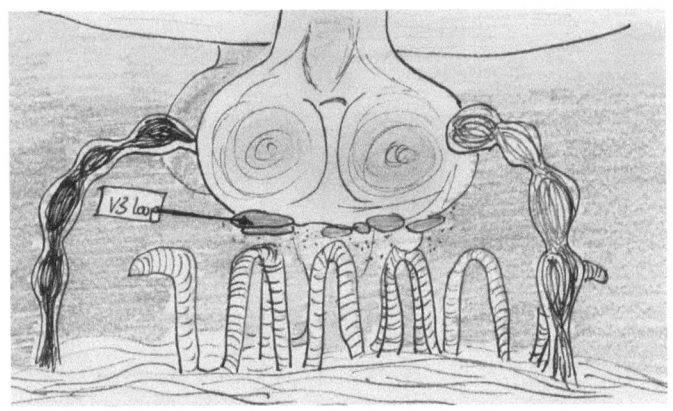

Leider war die Darstellung sehr detailreich und enthielt mehr Bauteile als Natascha in ihrem Referat erwähnte. Durch die aufwendige Hintergrundgestaltung konnte sie die überflüssigen Beschriftungen (z.B. V3 loop) und Zellbestandteile nicht so entfernen, dass es noch gut aussah. Sie entschloss sich deshalb, eine eigene Skizze[5] anzufertigen, die nur die wesentlichen Bestandteile enthielt.

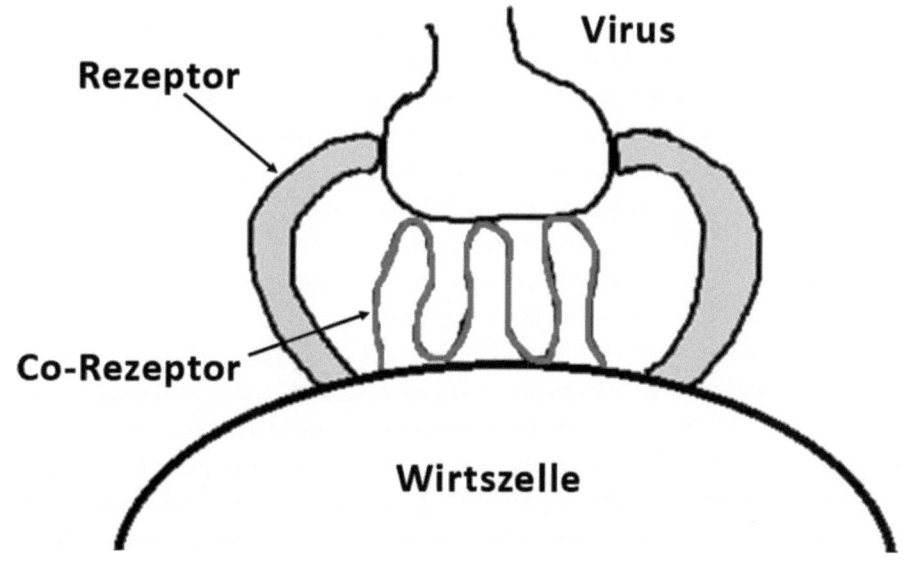

Die einfachere Grafik hat den Vorteil, dass die Zuhörer die einzelnen Objekte schneller und leichter identifizieren können und mehr Aufmerksamkeit für den Vortrag übrig bleibt.

Außerdem konnte sie ihre Folien dadurch einheitlich gestalten. Mit ihrer Skizze konnte sie alle molekularen Vorgänge in der gleichen Form darstellen, so dass sich die Zuhörer nicht ständig auf andere Darstellungsformen einstellen mussten.

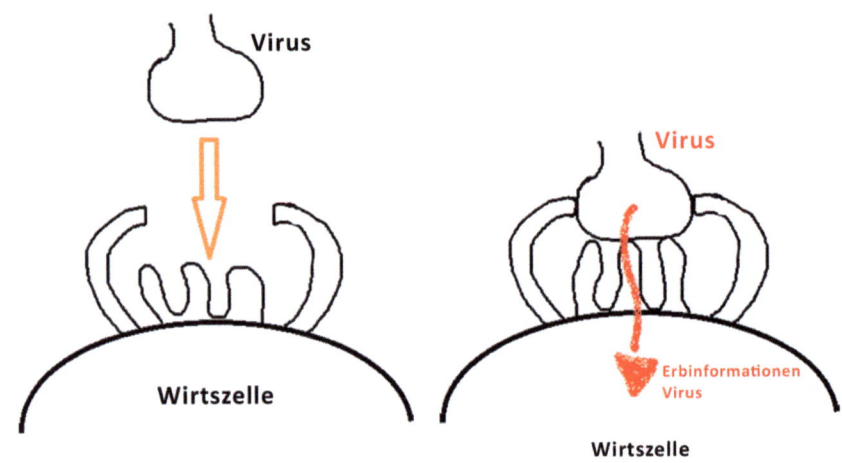

Die gesamte Präsentation wirkte wie aus einem Guss. Die Mitschüler konnten Schritt für Schritt nachvollziehen, was Natascha erzählte und sich dabei auf die großen Zusammenhänge konzentrieren.

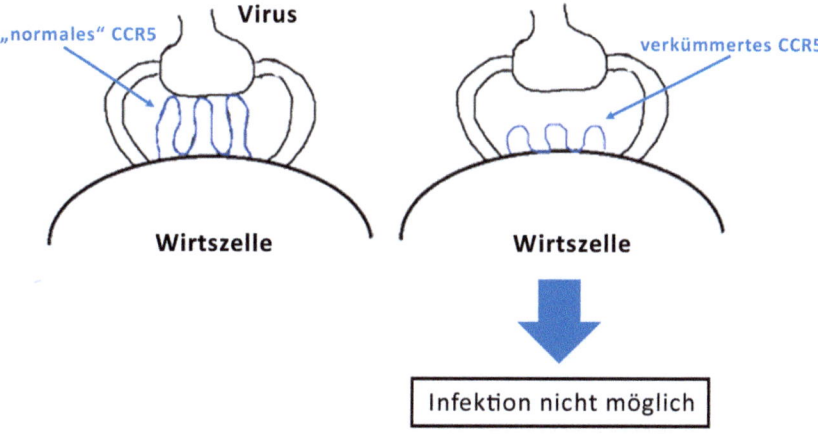

Zahlen präsentieren

Zahlen aussagekräftig zu präsentieren ist eine Kunst für sich. Mit den folgenden Tipps gelingt es dir leicht, Zahlen eindrucksvoll in dein Referat einzubauen.

(1) Verwende Zahlen nur, wenn es unbedingt sein muss

Zu viele Zahlen machen dein Referat langweilig. Nimm die Zahlen nur hinein, wenn sie etwas aussagen, das für dein Referat wichtig ist oder wenn du mit Hilfe der Zahlen eine Idee vermitteln kannst. Nur weil viele Zahlen zu deinem Thema verfügbar sind, heißt das nicht, dass du sie auch verwenden musst.

Keiner deiner Zuhörer möchte bei einem Referat über die Stadt Karlsruhe wissen, dass sie sich über eine Fläche von 173,46 km² erstreckt. Viel interessanter ist, dass alle Straßen so angelegt sind, dass sie sternförmig zum Schloss führen oder dass in Karlsruhe der Sitz des Bundesgerichtshofs ist.

(2) Wähle dein Zahlenmaterial geschickt aus

Überlege dir zuerst, welche Botschaft du mit den Zahlen vermitteln willst. Überprüfe, ob dein Zahlenmaterial diese Botschaft auch unterstützt. Falls nicht, dann lass die Zahlen weg oder überdenke deine Botschaft nochmals.

In einer örtlichen Zeitung wurde vor Jahren einmal das Ergebnis einer Telefonumfrage berichtet, bei der die Meinung der Bürger zu einer städtischen Umbaumaßnahme abgefragt wurde. Die Anrufer konnten zwei verschiedene Telefonnummern wählen und so ihre Zustimmung oder Ablehnung kundtun. Im Bericht stand dann groß: „42% der Bürger sind gegen die Umbaumaßnahme". Das wurde als eindeutiges Zeichen dafür interpretiert, dass die Maßnahme gestoppt werden solle.

In Zeitungsberichten oder Internetseiten ist solches Vorgehen immer mal wieder zu finden. In einem Schulreferat kannst du das nicht bringen. Dein Lehrer fragt dich mit Sicherheit nach den anderen 58%.

(3) Vereinfache die Zahlen durch Runden

Statt zu sagen, dass die Weltbevölkerung derzeit 7.349.621.698 Menschen umfasst, sagst du besser.

„rund 7,3 Milliarden Menschen".

(4) Gib deinem Publikum Referenzzahlen, so dass sie deine Angaben besser einordnen können.

Wenn du einfach nur in den Raum stellst, dass der jährliche CO_2-Ausstoß in China rund 10 Mrd. Tonnen beträgt, kann keiner etwas mit dieser Zahl anfangen. Gibst du zusätzlich als Referenzwert den gesamten CO_2-Ausstoß auf der ganzen Welt an, nämlich rund 34 Mrd. Tonnen, dann können deine Zuhörer abschätzen, was das bedeutet.

(5) Stelle die Zahl ins Zentrum des Interesses

Wenn du eine Zahl nur nebenbei erwähnen willst, dann ist sie wohl nicht wichtig genug und du kannst sie auch gleich weglassen. Ist sie jedoch wirklich wichtig, dann musst du ihr auch genügend Raum geben.

Stefanie schrieb die Zahl 2.226.396.328.572 an die Tafel und fragte, wer denn die Zahl mal ablesen wolle. Keiner meldete sich. Stefanie wartete. Ihre Klassenkameraden betrachteten die Zahl intensiv und tuschelten mit ihren Sitznachbarn. Aber keiner traute sich die große Zahl vorzulesen. Nach einer Weile löste Stefanie das Rätsel auf: 2 Billionen 226 Milliarden 396 Millionen 328 Tausend 572. Ihrem Publikum war klar geworden, dass die Zahl so groß ist, dass sie sie nicht mal sicher vorlesen konnten.

Danach fragte sie, ob jemand eine Idee hätte, was diese Zahl angibt. Es handelte sich um die Staatsverschuldung Deutschlands.

Nutze Vergleiche, um Zahlen anschaulich zu machen

Statt einfach nur zu sagen, dass die Pro-Kopf-Verschuldung in Deutschland ca. 27.500 € beträgt, kannst du anschaulicher sagen: „Wenn wir die Staatsverschuldung Deutschlands jetzt sofort zurück zahlen müssten, dann müsste jeder von uns hier im Raum 27.500 € zahlen. Das ist ungefähr so viel wie ein VW Golf kostet."

Statt nur zu sagen, dass der Energieverbrauch bei der Aluminiumproduktion 5 TWh (Terrawattstunden, das sind 5 Milliarden kWh) beträgt, kannst du auch sagen, dass die Produktion in einer Aluminiumhütte in Deutschland so viel Energie verbraucht wie die Städte München und Hamburg zusammen.

Bei solchen Vergleichen ist es wichtig, dass sie aus dem Erfahrungsbereich deiner Zuhörer stammen, dass sie sich den Vergleich gut vorstellen können. In ihrem Buch „Was bleibt" zeigen Chip und Dan Heath[6] das schön an einem Beispiel, das die Genauigkeit einer wissenschaftlichen Untersuchung anschaulicher machen soll. Dazu stellen sie zwei Vergleiche gegenüber.

Vergleich 1:	Vergleich 2:
Das ist wie wenn man einen Stein von der Sonne bis zur Erde wirft und das Ziel auf 500 m genau trifft.	Das ist wie wenn man einen Stein von Stuttgart nach Köln wirft und das Ziel auf 1 mm genau trifft.

Beide Vergleiche geben dieselbe Genauigkeit an. Welchen findest du beeindruckender? Der erste Vergleich wird von deinem Publikum wahrscheinlich weniger gut aufgenommen, weil es keine Erfahrungswerte für so große Entfernungen besitzt. Außerdem erscheinen die 500m Abweichung vom Ziel als nicht sehr genau. Der zweite Vergleich ist besser, weil man sich diese Entfernung besser vorstellen kann. Ich habe den zweiten übrigens angepasst. Im Original ist von der Entfernung New York – Los Angeles und einem halben Zoll Abweichung die Rede. Aber das können wir uns in Europa wieder nicht richtig vorstellen.

Nutze Diagramme, um Zahlen anschaulich zu machen

Manchmal hast du Glück und findest genau das Diagramm im Internet, das du für deine Präsentation benötigst. Aber eben nicht immer. Sehr häufig sind viel zu viele Daten enthalten, die du gar nicht brauchst. Das liefert deinem Lehrer „Angriffspunkte" für Fragen nach der Präsentation. Zusätzlich verwirrt es deine Zuhörer. Und die müssen dich verstehen, wenn du überzeugend rüberkommen willst.

Je einfacher ein Diagramm ist, desto leichter ist es zu interpretieren. Wenn du also nur die Zahlen veranschaulichst, über die du in deinem Vortrag auch redest, können deine Zuhörer viel einfacher erfassen, was du da erzählst. Wer sagt denn, dass ein Diagramm möglichst viele Details enthalten muss, um deine Kernaussage vollständig zu vermitteln? Diagramme sollen dem Publikum helfen, das „Big Picture" zu sehen.

In vielen Fällen kannst du jedoch die relevanten Daten aus einem zu umfangreichen Diagramm entnehmen und damit ein Diagramm selbst erstellen. Mit Excel oder anderen Tabellenkalkulationsprogrammen geht das ganz leicht. Falls du nicht weißt wie, suchst du dir am besten

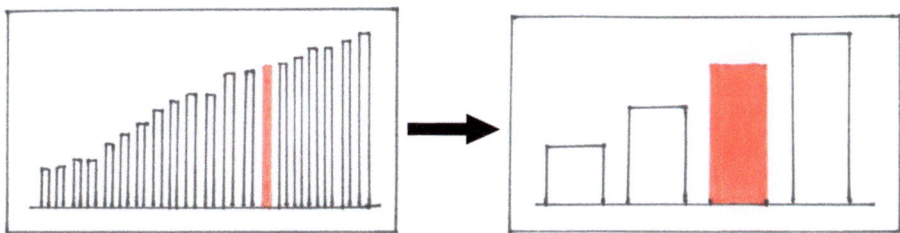

online eine Anleitung zu deinem Programm. Du findest bestimmt ein Video oder ein Dokument, das es dir Schritt für Schritt erklärt.

Wenn dein Thema dennoch verlangt, dass du ein komplexes Diagramm vorstellst, dann nimm dir auch entsprechend viel Zeit dafür, es zu erklären. Das kannst du am besten machen, wenn du das Diagramm schrittweise entwickelst und die wichtigen Aspekte genau erläuterst.

Denke daran, dass auch für Diagramme gilt: Verwende sie nur, wenn du einen Grund dafür hast. Überlege dir also genau, was du mit dem Diagramm aussagen willst und entscheide dich dann für den Diagrammtyp, der das am besten darstellt.

Diagrammtypen

Typ	Beispiel	Anwendungsbereich
Linien-diagramm	Goldpreis 1920 bis 2015	Zeitliche Entwicklung oder Messreihen
Stab- oder Balken-diagramm	Wichtigste Exportgüter Deutschlands 2014	Größenordnungen im Vergleich
Kreis- oder Kuchen-diagramm	Beliebteste Eissorten	Anteile, die zusammen 100% ergeben

Gantt-Diagramm		Ablauf eines Projekts, mehrere Handlungsstränge
Sankey-diagramm		Zugänge und Abgänge, Material- oder Energieflüsse, Werteströme
Venn-diagramm		Mengen, vor allem, wenn einzelne Element zu mehreren Kategorien gehören (Überlappungsbereich)

Nina erstellte in Geschichte ein Referat über die Hitlerjugend. Sie wollte betonen, dass 1932 die HJ nur eine kleine Randgruppe mit grade mal 137.000 Mitgliedern war. Sieben Jahre später waren dann fast alle 8,7 Millionen Jugendlichen in der HJ organisiert. Nina erstellte zunächst ein Stabdiagramm, da sie ja die beiden Zahlen vergleichen wollte.

So wirklich aussagekräftig war das Diagramm dann doch nicht. Deshalb entschied sich Nina für eine eigene Kreation, die den Sachverhalt deutlicher darstellte:

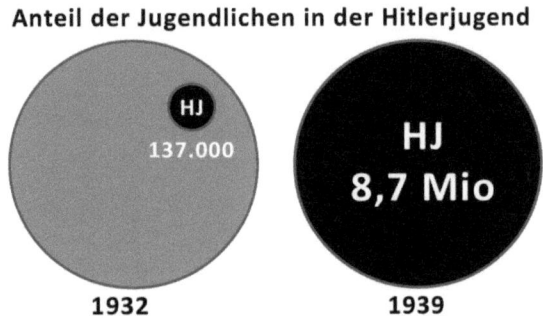

Jahreszahlen

Ein ganz besonderes Problem stellen Jahreszahlen dar. Sie machen eine Präsentation schnell langweilig. Niemand kann oder will sich fünf bis sechs Jahreszahlen pro Folie merken.

Wenn du Jahreszahlen vermeiden willst, frage dich bei jeder Zahl: Warum ist dieses Datum wichtig? Meistens kannst du es einfach weglassen, da es sowieso keinen Mehrwert für deine Zuhörer bietet. Falls es jedoch wichtig ist, liefert dir die Antwort eine Formulierung, die die Jahreszahl ersetzt.

Wenn du beispielsweise in deinem Vortrag über einen Politiker sagen möchtest: „am 17. April 1963 ereignete sich..." Dann solltest du dich fragen, warum dieses Datum im Leben des Politikers wichtig war. Die Antwort darauf könnte lauten: „weil es vor den Wahlen war". Die Formulierung „Noch vor den Wahlen ereignete sich..." ersetzt dann das Datum und hört sich besser an.

Bei Personenreferaten kannst du statt einer abgedroschenen Wiedergabe des Lebenslaufs auch einen ganz anderen Weg gehen und ein Kryptogramm (siehe nächstes Kapitel) erstellen.

Kryptogramme

Personenreferate werden oft nach folgendem Schema gehalten:

„Karl Marx wurde am 5. Mai 1818 geboren. Von 1830 bis 1835 besuchte er das Gymnasium zu Trier…"

Hier gibt es eine unterhaltsame Alternative: Du präsentierst interessante Fakten über die Person und lässt ihren Namen von deiner Klasse erraten. Dabei hast du schon beim Zusammenstellen der Fakten viel Spaß, weil du nicht nur nach den üblichen Begebenheiten suchst, sondern die bemerkenswerten und unerwarteten Tatsachen aus dem Leben dieses Menschen ausgräbst.

Voraussetzung ist, dass die Persönlichkeit, um die es geht, bekannt genug ist, um von deinen Mitschülern erraten zu werden. Das heißt nicht, dass sie tatsächlich viel über die Person wissen müssen, es reicht vollkommen aus, dass sie den Namen der Person kennen. Sag deinem Lehrer frühzeitig, dass er den Namen nicht verrät. Bei nachfolgendem Beispiel kannst du es ja mal selbst ausprobieren.

Wer ist diese Unternehmerin? (Auflösung auf Seite 266)

(1) Ihr Vater war Landwirt und ihre Mutter eine der ersten Ärztinnen in Deutschland.

(2) Als Kind war sie fasziniert von der Sage von Ikarus. Sie baute sich aus Hühnerfedern Flügel und brach sich den Arm, als sie damit vom Scheunendach sprang.

(3) Später wurde sie tatsächlich Pilotin und flog auch als Stunt-Woman in einigen Filmen. Im zweiten Weltkrieg flog sie für die deutsche Luftwaffe und geriet in britische Kriegsgefangenschaft.

(4) Da ihr das Fliegen nach dem Krieg verboten wurde, schlug sie sich mit einem Bauchladen durch, mit dem sie von Tür zu Tür ihre Waren verkaufte. Darunter war auch ihre legendäre „Schrift X", die sie über 32.000mal verkaufte.

(5) 1951 gründete sie ein Versandhaus und hatte 1960 bereits 5 Mio. Kunden.

(6) Sie erhielt das Bundesverdienstkreuz und ein Straßenname ist nach ihr benannt. Im deutschen Fernsehen wurde ihre Biographie verfilmt.

(7) Ihr Unternehmen ist inzwischen an der Börse notiert und hat über 120 Filialen in Deutschland.

(8) Ihre Geschäftsidee war der erste Sexshop der Welt.

⑥ Plane

deinen Vortrag

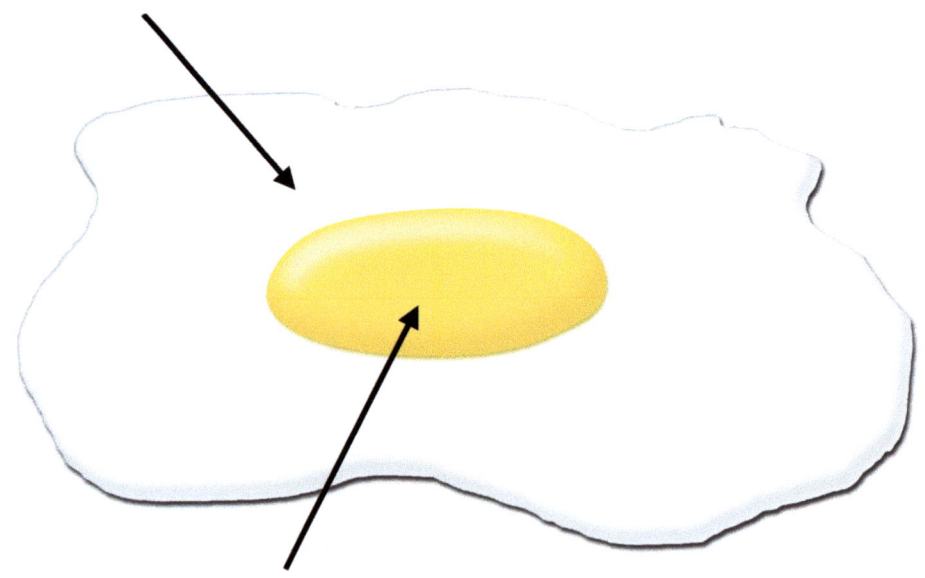

Das Spiegelei

Eine richtig gute Vorbereitung einer Präsentation gleicht einem Spiegelei.

Zuerst erarbeitest du dein Thema umfassend. Das ist das ganze Spiegelei. Jetzt weißt du um was es geht. Du hast einen Überblick über das gesamte Thema, kennst die wichtigsten Punkte und hast dir auch noch einiges Wissen drum rum angeeignet.

Nun gilt es, den Eigelbbereich vom Eiweißbereich abzugrenzen.

Der Eigelbbereich stellt den Teil dar, den du am Ende vorträgst. Das „Gelbe vom Ei" sozusagen. Die Essenz des Ganzen, die es bei den vorbereitenden Arbeiten herauszufiltern gilt.

Güteklassen

Sortiere deine Informationen in Güteklassen ein:

1A   Das muss unbedingt in die Präsentation rein (Eigelbbereich)

1B   Ist zwar gut und könnte rein, muss aber nicht unbedingt... (Randbereich zwischen Eigelb und Eiweiß)

2   Unbrauchbar für die Präsentation (Eiweißbereich)

Die Verteilung sieht im Allgemeinen so aus:

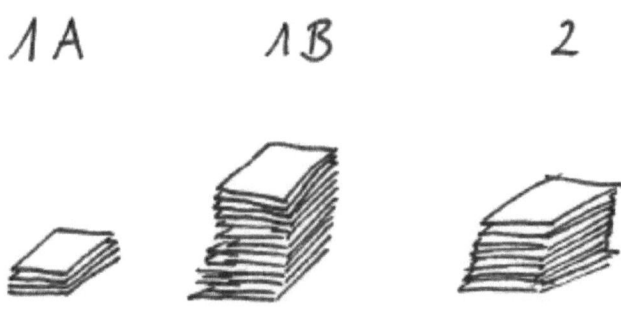

Nun nimmst du dir den 1A-Stapel vor und versuchst eine sinnvolle Reihenfolge für deinen Vortrag zu finden. Achte dabei vor allem auf einen **logischen Ablauf**, damit dir deine Zuhörer folgen können. Falls dir noch etwas fehlt, wirst du wohl meist im 1B-Stapel fündig. Falls nicht, dann solltest du versuchen möglichst genaue Fragen zu stellen, die sich auf den fehlenden Punkt beziehen und dann nochmal recherchieren. Diesmal aber nur gezielt, um die Lücke zu füllen.

Und dann?

Wenn dein Referat schon die gewünschte Länge hat, ist alles gut.

Wenn es zu kurz ist (auf keinen Fall mit 1B oder gar 2er Material auffüllen!), dann bist du nicht tief genug in das Thema eingedrungen, hast zu oberflächlich gesucht oder dich von zu vielen nichtssagenden Infos ablenken lassen. Oder du hast nicht umfangreich genug recherchiert und musst noch mehr in die Breite gehen. Hierzu findest du im Kapitel „Recherchiere richtig" hilfreiche Tipps.

Ist es zu lang, musst du reduzieren. Siehe Kapitel „Reduzieren" auf der nächsten Seite.

Reduzieren

Mit Reduzieren meine ich nicht, einfach etwas weglassen, sondern beziehe mich auf den Vorgang des Reduzierens beim Kochen. Wie beim Einkochen einer richtig guten selbstgemachten Soße. Hier wird das Wesentliche behalten und alles, was die Essenz verwässert, lässt man verdampfen. Genauso verfährst du mit deinem Thema. Du verdichtest den Stoff so weit, dass du mit wenigen treffenden Worten und wohlüberlegten Sätzen alles Wesentliche leicht verständlich gesagt hast.

Wie man das macht? Z.B. dadurch, dass du die Referatsinhalte mit deinen eigenen Worten erzählst. Vielleicht kennst du die Situation, dass du etwas erlebt hast, das du deiner Freundin am Telefon berichtest. Dazu brauchst du 2 Stunden. Danach erzählst du die gleiche Situation einer anderen Freundin. Das dauert dann nur noch 20 min. Und bei der dritten bist du in 3 min damit fertig, hast aber trotzdem alles Wesentliche erzählt. Nur hast du es bei der letzten eben besser auf den Punkt gebracht. Und genau das machst du auch mit deinem Referat. Du bringst es besser auf den Punkt.

Übrigens: Wenn du bei den vorhergehenden Schritten (also der Recherche und dem Verstehen des Themas) geschlampt hast, dann fällt dir dieser Schritt sehr schwer und führt auch nicht zum gewünschten Ergebnis. Genauso, wie du eine Soße so lange reduzieren kannst wie du willst, wenn du die richtigen Zutaten oder Gewürze weggelassen hast, dann wird sie dadurch auch nicht gut.

Storyboard

Die beste Methode für die Planung deines Vortrags ist das Storyboard. Ursprünglich wurde die Methode von den Disney-Studios zur Planung von Zeichentrickfilmen verwendet und ist heute in der gesamten Filmindustrie verbreitet. Bei der Planung von Referaten erweist es sich ebenfalls als überaus nützlich.

OHP, Folie 1 ← hier schreibst du die benötigten Medien und Materialien rein, z. B. Beamer, OHP, Folienstift etc.	hier notierst du die Zeit, die du benötigst → 2 min
Hier malst du auf, was deine Klasse während deines Vortrags sieht: z. B. dich den Tafelanschrieb die Folie ...	Neben das Bild schreibst du was du genau sagen willst. Achte dabei vor allem auf die Überleitungen zur nächsten Szene.

Du planst deinen Vortrag zunächst auf Papier. Nachdem du gründlich recherchiert hast, dich tief in dein Thema eingearbeitet hast und alles verstanden hast, legst du die wesentlichen Punkte deines Referats fest und bringst sie in eine sinnvolle Reihenfolge.

Dann schreibst du alle Szenen deines Referats in ein Storyboard und planst dabei,

- was du sagen willst,
- wie du das für deine Zuhörer am besten visualisierst,
- welche Medien du dazu sinnvoll einsetzt und
- wie viel Zeit du benötigst.

Manchmal änderst du die Reihenfolge nochmal, weil du dann eine bessere Überleitung hinkriegst. Gute Überleitungen machen deinen Vortrag flüssig und er wirkt dann durchdachter (was er ja auch ist).

Das Storyboard ist eine hervorragende Denk- und Planungshilfe. Durch das systematische Vorgehen, erkennst du schnell Fehler oder Lücken in der Argumentation und siehst, ob es einen roten Faden gibt, der durch deine Präsentation führt.

Auszug aus einem Storyboard „Lage von Geraden im Raum"

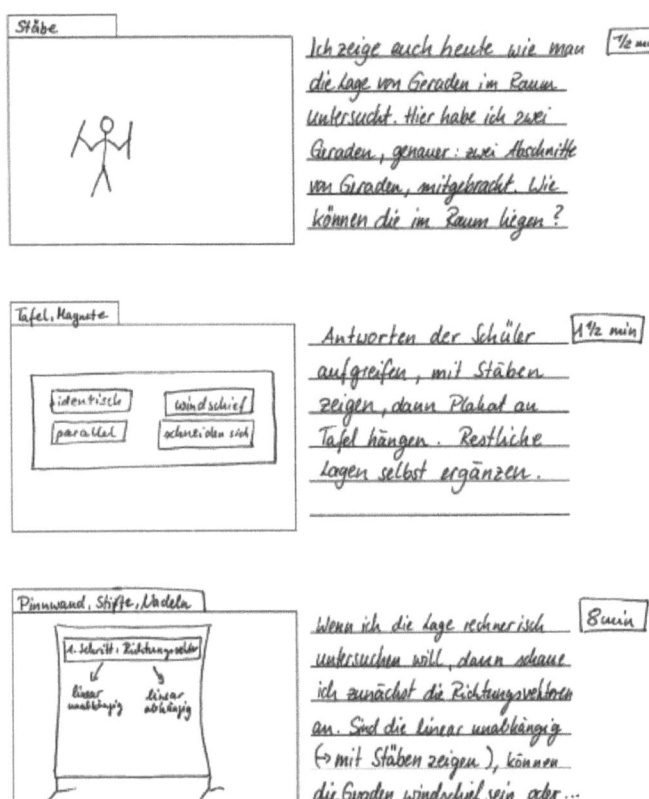

Die Storyboard-Methode hat viele Vorteile:

- Du sparst viel Zeit bei der Erstellung deiner Folien oder Plakate, weil du schon genau weißt, was du zeigen willst und wie du es animierst.
- Du bemerkst Inkonsistenzen beim Medieneinsatz (z.B. zu viele verschiedene Medien, zu häufiger Wechsel, unpassender Medieneinsatz) und kannst sie beheben.
- Bei der Filmplanung dient das Storyboard dazu, die Idee allen an der Filmproduktion Beteiligten näher zu bringen. In der Referatsplanung dient es in erster Linie dazu, dass du selbst siehst, ob die Präsentation vollständig, logisch und rund gestaltet ist und ob du den Zeitplan einhältst.
- Du merkst, ob dein Referat eine Spannungskurve aufweist oder einfach nur langweilig ist.
- Das Storyboard kannst du auch dem Lehrer vorzeigen, um den Vortrag vorab durchzusprechen oder als Ergänzung zu einer Powerpoint-Präsentation, die nur verständlich ist, wenn man den Vortrag dazu hört.
- Du kannst dich mit Hilfe des Storyboards von deinen Eltern abfragen lassen, wenn du dich noch unsicher fühlst.

Wie präsentieren?

GFS, FüK, Schulreferate und Präsentationsprüfungen sind von ihrem zeitlichen Umfang her stark beschränkt. Normalerweise variiert die vorgesehene Zeit zwischen 10 und 90 Minuten. Da macht es keinen Sinn eine Vielzahl unterschiedlicher Methoden zu benutzen. Beschränke dich deshalb auf eine. Zwei geht grade noch, wenn du z.B. zum Einstieg einen Film mit dem Beamer zeigst und danach etwas an die Kreidetafel schreibst.

Klar ist, dass du zuerst das Thema erarbeitest und festlegst, was du überhaupt sagen willst und erst dann die passende Präsentationsmethode auswählst. Denn bei guten Präsentationen gilt:

> **FORM folgt FUNKTION**

Beachte das Setting

Denk schon bei der Planung deiner Präsentation an die technische Ausstattung in dem Raum, in dem du deine Präsentation hältst. Hast du einen Tageslichtbeamer oder muss man den Raum abdunkeln? Kannst du Tafel und Beamer gleichzeitig nutzen? Ist die Tafel magnetisch? Wo kannst du die Pinnwand hinstellen? Hast du Internet? Sind Seiten wie youtube gesperrt?

Welches Datei-Format kann die Software des Schulrechners abspielen? Speichere deine Präsentation auch noch in der alten Datei-Version ab, um auf Nummer sicher zu gehen. OpenOffice-Dokumente werden mit Microsoft Office manchmal verzerrt dargestellt und umgekehrt. Probier das am besten vorher aus. Prezi kannst du als portable Version auf deinem USB-Stick abspeichern. Ist der Flashplayer für Prezi auf dem Schulrechner installiert?

Wenn du einen Visualizer (Dokumentenkamera, Elmo) benutzt, denk dran, dass du dir vorher deine Fingernägel putzt bzw. nochmal zur Nageltante gehst. Unter dem Ding sieht man nämlich alles und du hast bestimmt keine Lust, dass die Klasse den Stand deiner Maniküre bespricht, statt deiner Präsentation zu folgen.

Die Reihenfolge ist entscheidend

Oft kann schon eine kleine Änderung der Reihenfolge den entscheidenden Ausschlag geben, ob eine Präsentation ein Erfolg wird oder nicht.

Philippa kam mit ihrem fertig ausgearbeiteten Referat zu mir, weil sie nicht so ganz damit zufrieden war. Ihr Thema war „Menschenrechte" im Fach Gemeinschaftskunde in Klasse 10. Sie hatte bis hierher alles richtig gemacht. Das Thema war gut recherchiert, vom Anspruchsniveau passend und das Wesentliche war herausgearbeitet. Hier ihre Gliederung:

1) Normen und Bestimmungen zur Wahrung der Menschenrechte
      a) Deutschland
      b) EU
      c) UNO

2) Menschenrechtsorganisationen

3) Beispiele für Menschenrechtsverletzungen

Meiner Schülerin war klar, dass ihre Klassenkameraden nach dem dritten Satz über irgendwelche abstrakt formulierten Gesetze und deren Entstehung mehr oder weniger einschlafen würden. Deshalb wünschte sie sich einen interessanten Einstieg.

Die Lösung war schnell gefunden. Am Ende des Referats (wenn sichergestellt ist, dass alle schlafen) wollte sie ursprünglich noch Beispiele für Menschenrechtsverletzungen, die in einem Youtube-Video verfügbar waren, zeigen. Wir haben also beschlossen diese an den Anfang zu stellen, um das Interesse (hier eher die Empörung) der Mitschüler zu wecken.

Der Plan ging auf. Obwohl die Technik versagte und die Schülerin „nur" ihre Backup-Folien mit Bildern von Folteropfern zeigen konnte, entstand schnell eine große Diskussion in der Klasse. Dass jetzt natürlich alle wissen wollten, was unser Staat, die EU und die UNO dagegen unternehmen und welche Menschenrechtsorganisationen sich sonst noch für die Folteropfer einsetzen, ist klar.

Philippa konnte alle geplanten Informationen an den Mann bringen und der Lehrer hat sich gefreut, dass sie so ein lebhaftes Referat gehalten hatte. Da war auch die Note 1,4 keine Überraschung mehr.

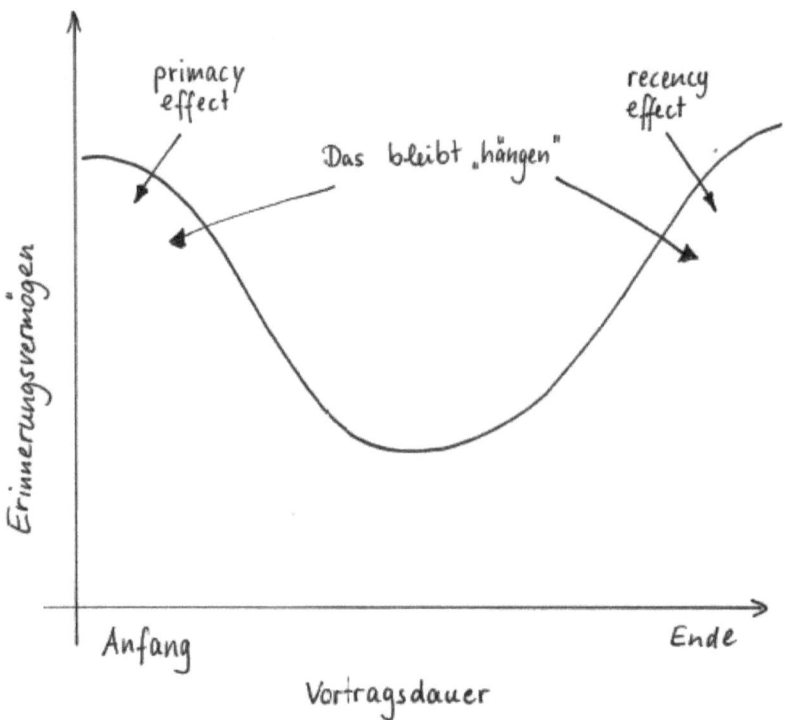

Was bleibt hängen?

Diese Frage wurde von Psychologen in zahlreichen Studien untersucht. Das Wichtigste in Kürze:

Was am Anfang gesagt wird und was am Ende gesagt wird, bleibt am besten in Erinnerung.

Das gilt auch für den Lehrer bei der Notengebung. Deshalb solltest du auf einen fesselnden Einstieg und einen prägnanten Abschluss bei den Vorbereitungen besonderen Wert legen.

Sehr schön ist es auch, wenn du zu Beginn eine Frage aufwirfst, auf deren Beantwortung du dann im Laufe des Referats hinarbeitest.

Fesselnder Einstieg

Einen guten Einstieg in dein Referat überlegst du dir am besten erst dann, wenn der Hauptteil deines Vortrags schon steht. Dann überlegst du dir, wie du deine Zuhörer zum ersten Punkt hinführst. Dein Einstieg muss interessant sein, zum Mitdenken anregen und – ganz wichtig – zum eigentlichen Thema hinführen. In seltenen Fällen brauchst du keinen Einstieg, beispielsweise wenn du eine Matheaufgabe vorrechnen und dabei erklären sollst.

Fang deine Präsentation mit etwas an, das jeder leicht nachvollziehen kann: mit einem einfachen Beispiel, einer kleinen Geschichte, einem Rätsel, einem Gedankenexperiment, einer leichten Einstiegsaufgabe, einem (vermeintlichen) Widerspruch oder knüpfe an etwas Bekanntes an.

Hier sind ein paar Beispiele für einen gelungenen Einstieg:

Johanna stellte eine Flasche Cola und eine Flasche WC-Reiniger auf den Tisch und stellte die Frage: „Was haben die beiden gemeinsam?" Die Antwort war dann auch schon ihr Thema: Phosphorsäure im Fach Chemie.

Beim Thema „Das Wunder von Bern" spielte eine Schülergruppe den berühmten Kommentar von Herbert Zimmermann ab: „Rahn schießt! Toor! Toor!" Damit knüpften sie an das Vorwissen des Publikums an und alle waren sofort mitten im Thema.

Bei ihrem Mathe-Referat gab Katrin ihren Mitschülern unter dem Vorwand das alte Thema nochmal zu wiederholen, eine Integralaufgabe, die sie gar nicht lösen konnten. Nachdem sie eine Weile erfolglos herumprobierten, waren alle sehr interessiert eine Lösung dafür zu erfahren: die Keplersche Fassregel.

Eine Schülergruppe, die das Thema „Tropischer Regenwald" präsentierte, zeigte zum Einstieg einen kurzen Film, der die schönen Seiten des Regenwaldes mit traumhaften Bildern und schöner Musik zeigte. Der zweite Teil des Filmes thematisierte die Zerstörung des Regenwalds mit dramatischer Musik. Diese Sequenz nutzten die Schüler dann als Überleitung zum kritischen Teil ihres Referats.

Wohin mit der Gliederung?

Am Anfang

Wenn du deine Gliederung zu Beginn deines Referats vorstellen willst, dann achte darauf, dass du noch nicht alles verrätst. Sonst läufst du Gefahr, dass dir im Vortrag keiner mehr zuhört.

Du kannst dir ein Beispiel an dem Trailer eines neuen Kinofilms nehmen. Die verraten gerade so viel, dass man weiß, um was es geht, und machen dabei auch noch so neugierig, dass man den Film dann tatsächlich in voller Länge sehen will.

Mit etwas Fantasie schaffst du das auch bei einem Schulreferat zu einem trockenen Thema. Wie zum Beispiel Dennis, der bei seinem Referat über Startups sagte: „...danach erfahrt ihr, was Einhörner und Würmer mit der Finanzierung eines neugegründeten Unternehmens zu tun haben." (Wenn dich das auch interessiert, dann schau auf Seite 266 nach.)

Statt: „Ich werde in meinem Referat zeigen, wie Hedge Fonds die Wirtschaftskrise mit ausgelöst haben."

Besser: „Bei der letzten Wirtschaftskrise war immer wieder von Hedge Fonds die Rede. Welche Rolle Hedge Fonds dabei wirklich spielten, möchte ich in diesem Referat erörtern."

Nach dem Einstieg

Wenn du eine gute Eröffnung für deinen Vortrag hast, dann beginne damit. In den ersten paar Sekunden deiner Präsentation entscheiden deine Klassenkameraden schließlich, ob sie dir zuhören oder nicht. Deine Gliederung kannst du dann im Anschluss geschickt einflechten: „... und um diese Frage zu beantworten (diese Problematik besser zu verstehen), werden wir jetzt die folgenden Aspekte genauer betrachten..."

Am Ende

Bei Themen, die du neu vorstellst, haben die einzelnen Gliederungspunkte zu Beginn deiner Präsentation oft keine Aussagekraft, weil deine Mitschüler ja noch gar nicht wissen, worum es geht. Sie sind verwirrt von den unbekannten Fachbegriffen und entscheiden sich, lieber nicht zuzuhören.

In einem solchen Fall bietet es sich an, die Gliederung ans Ende zu stellen. Sie ist dann eine Zusammenfassung der Punkte, die du zuvor nach und nach entwickelt hast.

Wenn dir bei deinem Thema der Schluss fehlt oder das Thema kein Fazit erfordert, kann die Gliederung am Ende deinen Vortrag schön abrunden.

Hinzu kommt, dass es so deinen Zuhörern leichter fällt, Fragen zu stellen, weil die Gliederung ja auf der letzten Folie steht und so sichtbar bleibt.

Durchgehend sichtbar

Vor allem, wenn du einen Ablauf beschreibst, macht es sich immer wieder ganz gut, wenn die Gliederung während der gesamten Präsentation am Rand der Folien sichtbar ist. Den Schritt, den du

gerade vorstellst, kannst du dann farblich hervorheben, so dass sich dein Publikum daran orientieren kann.

Dabei sollte die Gliederung einerseits gut sichtbar sein und andererseits der optische Schwerpunkt auf dem eigentlichen Inhalt der Folie liegen.

Keine Gliederung

Immer wieder gibt es Präsentationen, in denen kein Platz für eine Gliederung ist. Wenn es dir gelingt, deine Präsentation so zu planen, dass vom Einstieg bis zum Ende alles wie aus einem Guss wirkt, kannst du deine Zuhörer mit deinem Thema fesseln.

Das heißt nicht, dass der Vortrag keine klare Struktur hat. Im Gegenteil: Die Struktur ist so in den Vortrag eingearbeitet, dass sie, ohne explizit vorgestellt zu werden, offensichtlich ist.

Eine künstlich hinzugefügte Gliederung macht in diesem Fall mehr kaputt als dass sie hilft. Die Gliederung ist dann auf dem Handout am besten aufgehoben.

Power Point und Prezi

Power Point und Prezi lassen auch eine schlechte Präsentation auf den ersten Blick gut aussehen. Das bringt dir zwar das Lob von deinen Eltern oder Freunden ein, die mit dem Inhalt eh nichts anfangen können, aber für ein kritisches Prüfungskomitee reicht es nicht.

Deine Klassenkameraden werden nicht gerade begeistert sein, dass sie eine weitere langweilige, monotone, mit trockenen Gliederungspunkten überladene Präsentation über sich ergehen lassen müssen. Im Fachjargon hat sich dafür der Begriff „Death by Powerpoint" eingebürgert.

Auf der anderen Seite beeindruckt eine schöne Power Point Präsentation, wenn die Folien gut auf den Vortrag abgestimmt sind und Visualisierungen enthalten, die das Gesagte unterstreichen.

Überlege dir also zuerst, was du sagen willst und wie du es sagen willst und entscheide dich dann für die geeignete Präsentationsform, die zu dir und deinem Thema am besten passt.

Auch wenn es auf den ersten Blick so aussieht:

Nicht mal PowerPoint kann aus Scheiße Erdbeeren machen.

Schwächen ausgleichen mit der passenden Präsentationstechnik

Problem: Der Klasse fehlt das Vokabular

Einen Schafskrimi auf Englisch der Klasse vorzustellen, stellte Tobi vor ein besonderes Problem: Er befürchtete, dass seine Klassenkameraden nicht verstehen würden, worum es in dem Buch ging, weil schlicht und einfach die Vokabeln fehlten. Bei einer Klassenkameradin wurde das in der vorausgehenden GFS bemängelt.

Kurzerhand malte er zu Hause zu den wichtigsten Punkten Bilder auf einen Flipchartblock, die er während des Vortrags mit den unbekannten Wörtern beschriftete oder ergänzte.

Die Klasse verstand worum es ging und der Lehrer fand die Idee mit den Bildern toll.

Thema: „Three bags full - a sheep detective story"

Fach: Buchvorstellung in Englisch

Problem: Schüler kann nicht frei reden.

Julian kann sehr gut auswendig lernen und hat das bei früheren Vorträgen auch immer angewandt. Ihm war allerdings klar, dass das bei seiner Klasse nicht gut ankam. Er selbst mochte Referate, die vorgelesen oder auswendig vorgetragen wurden, auch nicht. Dieses Mal wollte er frei reden, fiel aber immer wieder in alte Gewohnheiten zurück.

Sein Thema war eine Buchvorstellung in Deutsch. Beginnen wollte er mit der Vorstellung des Autors von „Eragon", über den er auch schon viel in Erfahrung gebracht hatte.

Um nicht wieder seinen Text, den er inzwischen auswendig konnte, aufzusagen, griff er zu einem Trick. Er ließ die Klasse Fragen stellen, die er dann - frei sprechend – beantwortete. Um zwei wichtige Punkte, die er auf jeden Fall erzählen wollte, auch unterzubringen, instruierte er vorher zwei Klassenkameraden, dass sie ihm diese Fragen stellen. Hat funktioniert. Lehrerin war begeistert. Den Rest vom Referat konnte er dann in eigenen Worten vortragen.

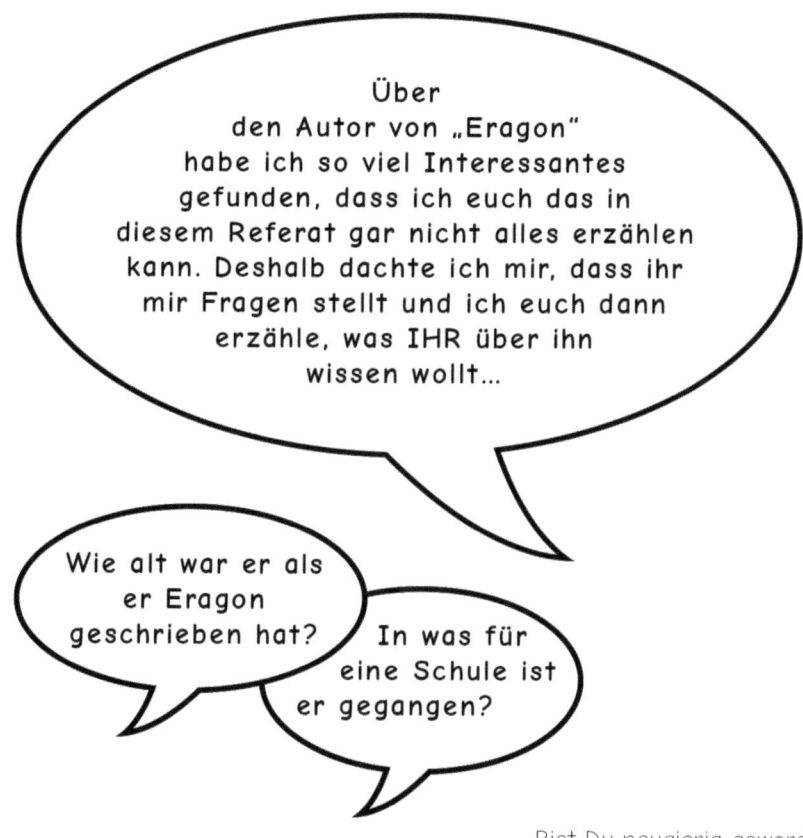

Bist Du neugierig geworden?
Antworten auf diese Fragen findest Du auf Seite 266.

Problem: Schülerin redet zu schnell

Samja war bewusst, dass sie ihre Referate immer viel zu schnell „herunterrasselte", so dass keiner in der Klasse mitkam. Dieses Mal musste sie eine komplexe Anwendungsaufgabe in Mathe vorstellen. Bei dieser Matheaufgabe ging es um einen Kreisverkehr, in den Autos hinein- und wieder herausfahren. Samja musste zu jeder Kreuzung eine Gleichung aufstellen und dann das LGS lösen.

Es war dringend notwendig, dass sie viele Pausen machte, um den Mitschülern die Möglichkeit zu geben, mitzudenken.

Samja malte also einen großen Kreisverkehr auf das Papier auf einer Pinnwand und heftete dann für jede Gleichung die Fahrzeugströme mit Pinnnadeln an. Das Anpinnen der Pfeile gab ihren Zuhörern genügend Zeit zum Mitdenken und Abschreiben. Und durch die gelungene Visualisierung hat der Großteil der Klasse auch die (schwierige) Aufgabe verstanden.

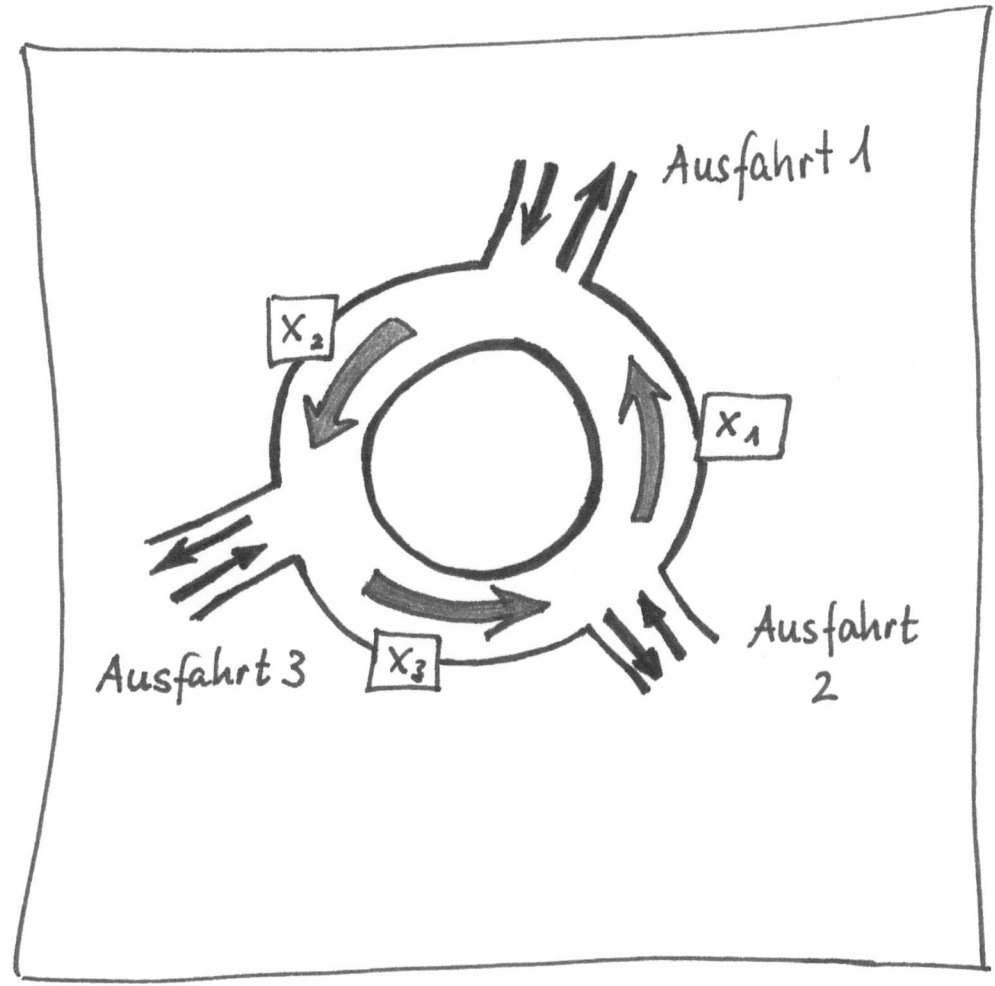

Problem: Angst, den nächsten Rechenschritt zu vergessen

Annemarie musste in Mathematik die Herleitung der Keplerschen Fassregel vorstellen. Sie konnte jeden einzelnen Schritt nachvollziehen, hatte aber Bedenken, dass sie in der Aufregung einen Schritt vergessen könnte oder das richtige mathematische Vokabular nicht finden würde.

Sie entschied sich deshalb, ihre Herleitung auf OHP-Folie vorzuschreiben und dann während des Vortrags zeilenweise aufzudecken. Das hatte den Vorteil, dass sie sich auf das Blatt, mit dem sie die Folie abdeckte, neben der Herleitung noch ihre Anmerkungen aufschreiben konnte, die sie sagen wollte.

Den Rest des Vortrags hielt sie wie gewohnt frei und keinem ist aufgefallen, dass sie sich eine kleine Hilfestellung gegönnt hatte. Auch die Rechenaufgaben des Lehrers im Anschluss konnte sie problemlos rechnen.

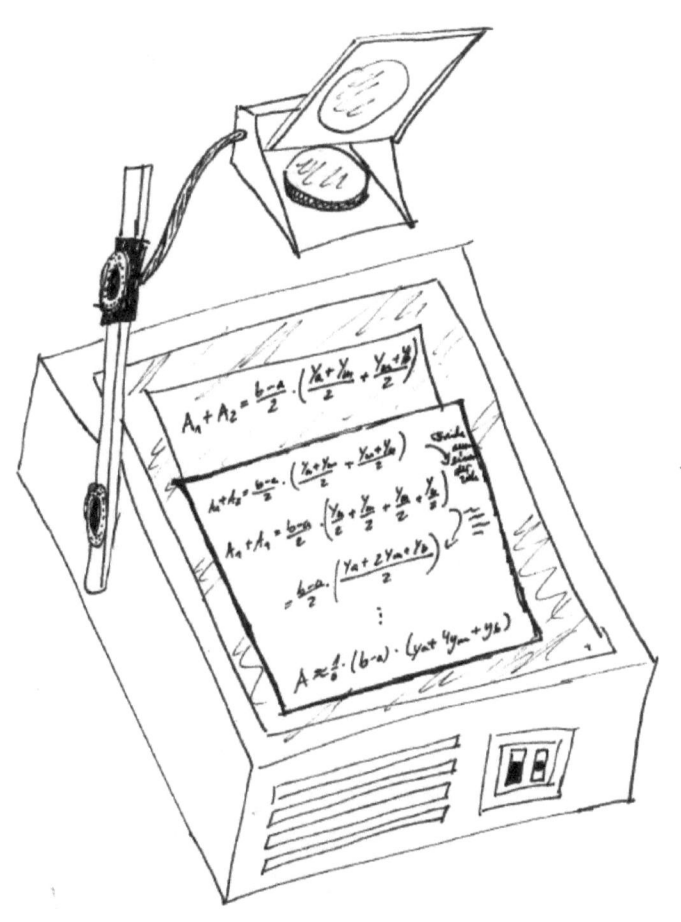

Sei mutig

Es muss nicht immer Power Point sein.

~~Alternative~~ ~~Kreative~~ Coole Präsentationsmethoden

Ich muss gestehen, dass ich mich nicht entscheiden kann, wie ich dieses Kapitel nenne. Ist aber auch egal. Fakt ist, dass ich dir hier Methoden vorstelle, die irgendwie anders sind. Cooler, kreativer, ausgefallener, ungewöhnlicher, unerwarteter als die herkömmlichen. Manche sind aufwendiger, manche sind überraschend einfach. Als Gedankenanstoß für eigene Ideen ist dieses Kapitel geradezu eine Goldgrube.

Vorsicht: Bitte nicht inflationär einsetzen. Bei allem Ideenreichtum **immer** den alten Grundsatz beachten:

Weniger ist mehr.

Präsentiere an der Wäscheleine

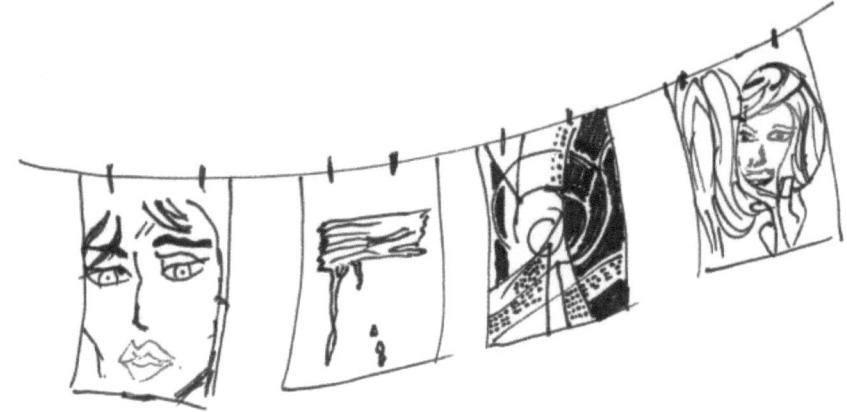

Thema: Roy Lichtenstein

Fach: Bildende Kunst

Laura spannte eine Wäscheleine durchs Klassenzimmer und hängte während des Vortrags 4 Bilder von Roy Lichtenstein auf, die seine künstlerischen Phasen repräsentieren. Natürlich konnte sie die wichtigsten Merkmale und was der Künstler erreichen wollte an den Beispielen zeigen. Auch die großen DIN A 1 - Plakate spiegelten einen Aspekt seiner Kunst wider.

Drehe einen Film

Thema: Wahlkampf – Information oder Manipulation?

Fach: Gemeinschaftskunde

Annemarie drehte eine kurze Reportage, in der sie den Schulleiter, verschiedene Lehrer der Klasse und einige Schülerinnen und Schüler der Schule nach deren Meinung fragte. Lustig war, dass sie teilweise gegensätzliche Antworten mit gleicher Begründung abgaben.

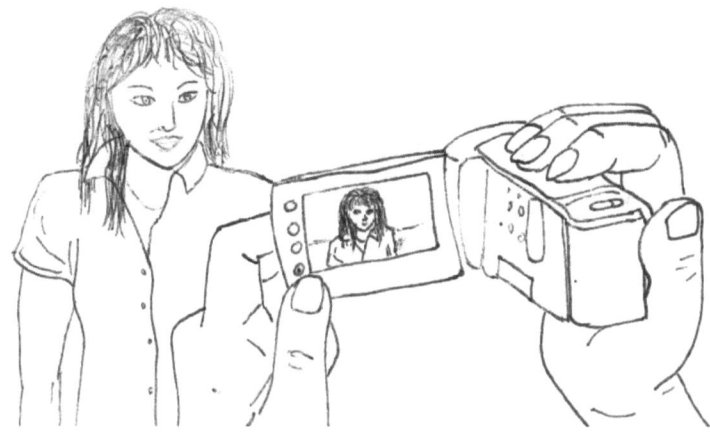

Male Bilder aufs Flipchart
- und ergänze sie während des Vortrags

Thema: Der Treibhauseffekt

Fach: Geographie

Um den Treibhauseffekt zu erklären zeichnete Josef folgendes Bild auf einem Flipchartblatt vor...

... und ergänzte dann während seines Vortrags die Pfeile, die den Sachverhalt verdeutlichen.

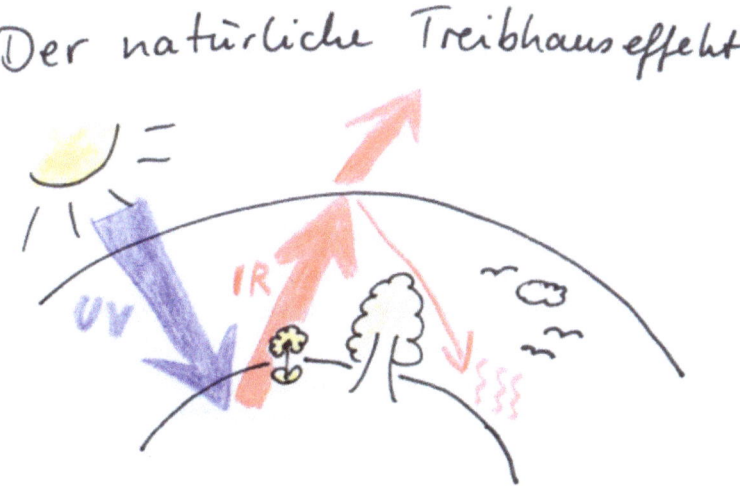

Benutze gleich 3 Flipcharts

Thema: Farbensehen

Fach: Biologie

Stephanie erklärte ihrem Bio-Kurs das Farbensehen an drei Abbildungen. So konnte sie von links nach rechts immer weiter ins Detail gehen bis zur chemischen Gleichung.

Von der chemischen Verbindung ausgehend konnte sie danach anhand derselben Bilder zeigen, wie das Signal über die Zapfen der Netzhaut (mittleres Bild) und den Sehnerv zum Gehirn (linkes Bild) übertragen wird.

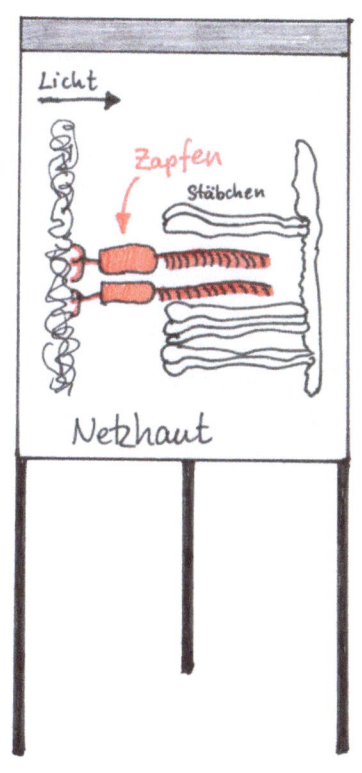

Mach doch einen Stadtrundgang...

Thema: Le Corbusier

Fach: Bildende Kunst

Shirin organisierte einen Ausflug zur Weißenhofsiedlung in Stuttgart, wo sie die Architektur LeCorbusiers am realen Objekt vorstellen konnte. Wenn man die Möglichkeit hat, so etwas live zu betrachten, kann man auch mal das Klassenzimmer verlassen.

... oder eine Museumsrallye

Thema: Evolution der Wirbeltiere / Fossilien

Fach: Biologie

Christoph bereitete für seine Klasse eine Museumsrallye im Naturkundemuseum vor. In kleinen Gruppen mussten seine Mitschüler verschiedene Aufgaben lösen, die sie zu den interessantesten Exponaten der Ausstellung führte. Sie erarbeiteten sich das Thema quasi selbst, statt bei einer langweiligen Präsentation einzuschlafen.

Erstelle eine Facebook-Seite

Thema: Der reale Danton

Fach: Deutsch

Statt eines langweiligen Personenreferats erstellte Katharina einfach eine Facebook-Seite für den echten Danton. Damit konnte sie dann alle relevanten Daten zu seiner Person und auch seine wichtigen Beziehungen und Lebensereignisse auf überraschende Art und Weise ihren Mitschülern näher bringen.

Präsentiere aus der Schachtel

Thema: Elemente der 7. Hauptgruppe

Fach: Chemie

Luca stellte in Chemie die Halogene in einem erfrischenden Vortrag vor. Er nahm eine Schachtel mit Gegenständen mit, die jeweils ein Element repräsentierten. Zu jedem erzählte er eine kleine Story mit den wichtigsten Fakten, die für Aha-Effekte oder den einen oder anderen Lacher sorgten.

Für Chlor hatte er eine Badehose dabei, weil der typische Chlorgeruch im Schwimmbad den meisten bekannt war. Fluor war in der Zahnpasta und Jod in der Jodtinktur zur Wunddesinfektion. Für Brom hatte er eine Wäscheklammer dabei. Dazu erklärte er, dass der Name dieses Elements von dem griechischen Wort für Gestank abgeleitet wurde. Das entlockte auch dem Chemielehrer ein Grinsen.

Beziehe die Klasse mit ein

Bei längeren Referaten oder wenn du eine ganze Schulstunde gestalten musst, solltest du unbedingt deine Klasse mit einbeziehen. Animiere sie zum Mitdenken durch ein Gedankenexperiment oder mach ein Spiel mit ihnen.

Manchmal reicht es schon aus, dass deine Mitschüler während deines Vortrags mit dir zusammen ein Arbeitsblatt ausfüllen, ein Handout ergänzen oder du immer wieder kleine Übungsaufgaben zum selbst lösen einschiebst. Die Aufgaben sollten mit dem Wissen, das du zuvor vermittelt hast, lösbar sein, sonst führen sie zu Verwirrung. Erscheinen dir die Aufgaben zu einfach, kannst du die Klasse mit einem kleinen Spiel, bei dem sie in Gruppen gegeneinander antreten, aktivieren.

Richtig gut kommen auch Referate mit Rätselcharakter an. Da kann es sich im einfachsten Fall um eine interessante Frage zu Beginn handeln, die am Ende aufgelöst wird, bis hin zu einem Referat, das durchgängig als Quiz aufgebaut ist. Auf den folgenden Seiten kannst du dir ein paar Anregungen holen.

Simuliere eine Gerichtsverhandlung

Thema: Agnes – die Schuldfrage

Fach: Deutsch

Daniela zog ihre Präsentation als Gerichtsverhandlung auf. Sie stellte die relevanten Textstellen - mal in der Rolle des Staatsanwaltes, mal in der Rolle des Verteidigers - vor und ließ anschließend die Klasse als Geschworenengericht entscheiden. Die Lehrerin war sehr zufrieden, dass die Klasse mitdenken durfte und am Ende auch gute Gründe für die Urteilsbildung fand.

Lass die Klasse spielen

Thema: Zehnerpotenzen

Fach: Mathematik

Annemarie ließ ihre Klasse in kleinen Gruppen ein Zuordnungsspiel machen, um das Gehörte zu festigen. Das Spiel machte allen Spaß und der Lehrer nahm die Karten gleich mit in die Parallelklasse.

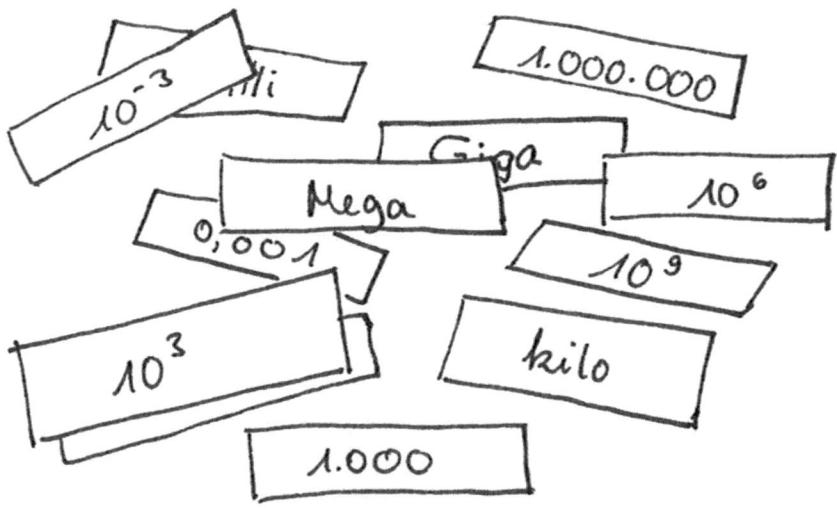

Frag deine Mitschüler nach ihrer Meinung

Thema: Wahlkampf – Information oder Manipulation?

Fach: Geschichte / Gemeinschaftskunde

Die Referentin teilte verschiedene Wahlkampfplakate und Flyer von Parteien an die Klasse aus. Die Mitschüler entschieden dann in kleinen Gruppen, wo „ihr" Plakat eingeordnet wird. Dadurch wurde jedem klar, dass es sich hier nicht um klar abgesteckte Fronten handelte und die Übergänge fließend sind.

Mach mit der Klasse ein Quiz

Thema: Esskultur im Römischen Reich

Fach: Latein

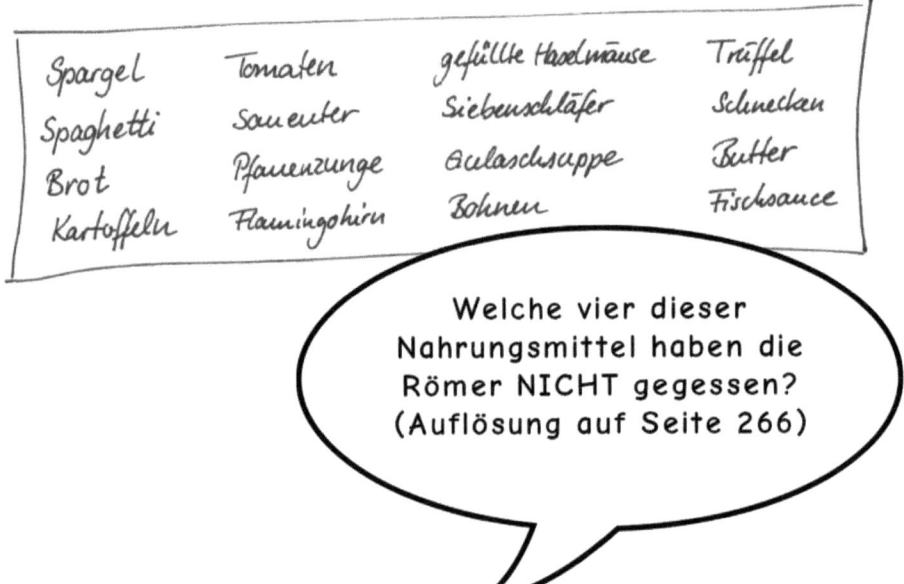

Ein Mini-Quiz zum Einstieg oder auch als komplettes Referat eignet sich immer dann, wenn man Themen bearbeitet, von denen die Zuhörer schon diffuses Vorwissen haben oder zumindest das Gefühl haben, es wissen zu müssen. Beim Auflösen werden zu allen Punkten ein paar interessante Fakten erzählt und das Publikum kann sein Wissen ergänzen.

Tobi hat es mit diesem Einstieg immerhin geschafft, seine Klasse länger als 60 min am Ball zu halten. Denn schließlich wollte jeder wissen, ob er die vier Richtigen hat. Übrigens, das ist in seiner Klasse niemandem gelungen. Nicht mal dem Lateinlehrer.

Am Ende des Schuljahres - als es um den Beitrag der Klasse zum Schulfest ging - zeigte sich dann, dass das Quiz einen nachhaltigen Effekt hatte: beim Elternabend schlug eine Mutter vor, dass doch das Thema „Esskultur im Römischen Reich", das die Klasse so ausführlich behandelt hatte, ganz nett wäre.

Oder lass einfach nur dein Referatsthema erraten

Thema: *** (Auflösung auf Seite 266)

Fach: Geschichte

Madita und Antonia zogen ihr Referat von der anderen Seite her auf. Sie ließen die Mitschüler das Thema erraten und gaben Ihnen schrittweise Hinweise dazu. (Siehe rechte Seite)

Dieser Ansatz funktioniert allerdings nur, wenn das Thema sehr bekannt ist und eine Chance besteht, dass man es hätte wissen können. Um den Spaß nicht zu verderben, sollten diejenigen, die es erraten haben, ihre Antwort auf einen Zettel schreiben und nicht laut hinausposaunen.

Nach der Auflösung haben die Referentinnen die fünf Punkte in umgekehrter Reihenfolge näher erläutert und den Zusammenhang zum Thema aufgezeigt. Die Klasse war begeistert und die Lehrerin kam in der anschließenden Chorprobe extra zu den beiden Mädchen, um sie nochmal für den großartigen Vortrag zu loben.

(1) Unser Thema ist die Ursache, warum es heute Reisepässe gibt.

(2) Unser Thema ist auch der Grund, warum es in Pforzheim die Löbliche Singergesellschaft gibt.

(3) Unser Thema gab den Menschen Anlass Juden als Brunnenvergifter zu verfolgen.

(4) Unser Thema ist auch schuld daran, dass Leute mit diesen komischen Rabenmasken rumlaufen.

(5) Unser Thema ist so tödlich, dass daran ein Drittel der Bevölkerung Europas innerhalb von wenigen Jahren starb.[1]

---
[1] Ein bisschen Lokal-Kolorit schadet einem Referat wie diesem nicht. Allerdings muss es, wie hier, eine Tatsache sein, die auch zum Thema passt.

Präsentiere mit einem Arbeitsblatt

Thema: Das Auge - Überblicksreferat

Fach: Biologie

Patrick sollte zur Vorbereitung auf das Abitur der Klasse einen Überblick über das Auge geben und nochmal alle wichtigen Aspekte dazu kurz ansprechen. Damit es nicht langweilig wurde, legte er seinen Mitschülern ein Schaubild vom Auge vor und ließ sie ausfüllen, was sie noch wussten.

Das war sehr clever, denn so erfüllte er gleich zwei wichtige Funktionen: Er knüpfte an das Vorwissen seiner Klasse an und nutzte den Quizcharakter, um das Interesse in der Klasse 90 Minuten lang aufrecht zu erhalten. Denn jeder will schließlich wissen, ob er richtiggelegen hat.

Beim Auflösen erklärte Patrick dann jeweils kurz die Funktion jedes Bestandteils, erwähnte die Besonderheiten (z.B. zeigte er Bilder, wie ein Farbenblinder sieht) oder machte ein kleines Experiment (z.B. zur Funktion der Pupille).

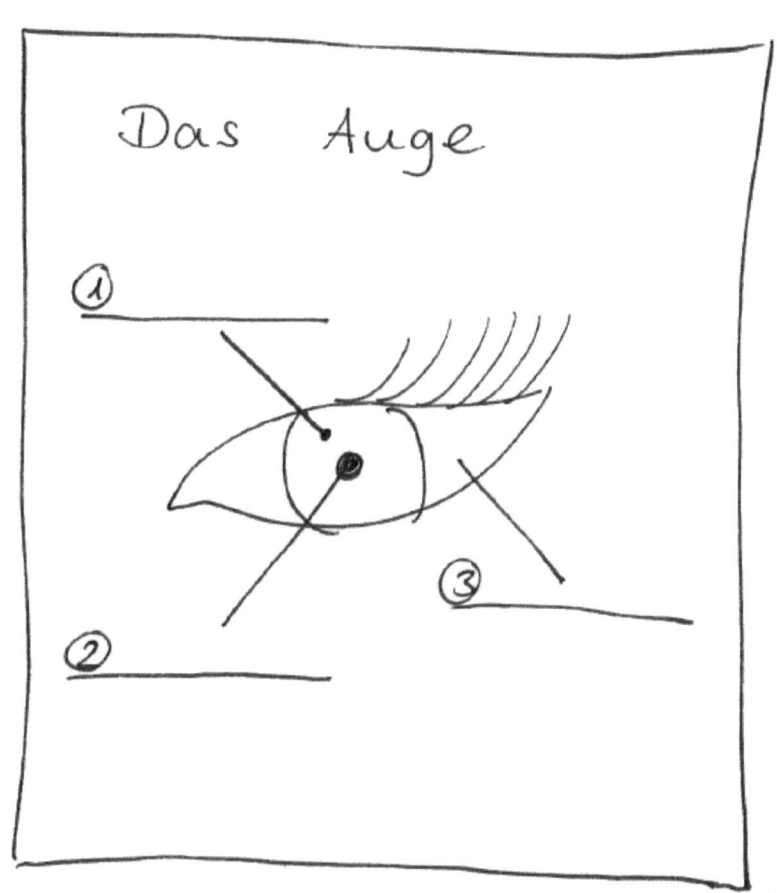

Bring etwas zum Essen mit

Essen mitzubringen ist eigentlich immer ein guter Schachzug, der vom Publikum auch gern angenommen wird. Achte aber bitte darauf, dass der Bezug zum Referatsthema auch wirklich passt.

Thema: Alkoholische Gärung

Fach: Biologie

Franziska backte für den Bio-Kurs Brot, verteilte es und erklärte während ihre Mitschüler am vespern waren, wie die Luftblasen ins Brot kommen.

Thema: Sichelzellanämie

Fach: Biologie

Janine verteilte Gummidrops an die Klasse, weil die die Form von gesunden roten Blutkörperchen haben.

Thema: Essen im alten Rom

Fach: Latein

Tobi stieß bei seinen Recherchen auf das römische Kochbuch des Apicius. Daraus kochte er für seine Klasse originalgetreue römische Gerichte: Mulsum (Wein mit Honig und Pfeffer), Sauerteigbrot und Moretum (Kräutercréme mit Schafskäse, bei dem verschiedene frische Kräuter im Mörser zerkleinert werden und dann mit Olivenöl und Schafskäse vermischt).

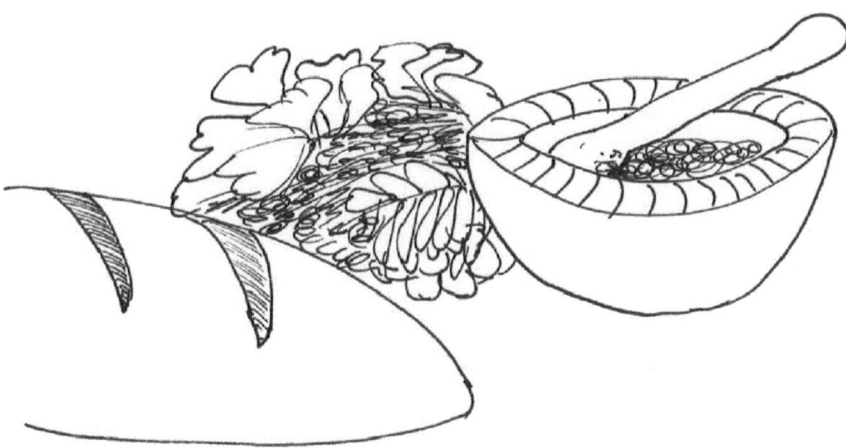

⑧ Halte dich an

die Formalitäten

Handout

Ein Handout ist in der Regel ein DIN A 4 - Blatt, das die wichtigsten Schaubilder, Stichpunkte, Thesen und manchmal auch Quellenangaben einer Präsentation beinhaltet. Name, Klasse, Datum, Fach und Thema müssen natürlich auch noch drauf.

Das Handout kann vor oder während des Vortrags ausgeteilt werden. Meist wird es jedoch nach dem Vortrag ausgeteilt.

Der Umfang sollte ein DIN A 4 - Blatt niemals überschreiten. Die meisten Lehrer akzeptieren jedoch, dass man die Rückseite noch nutzt. Vor allem bei umfangreichen Quellenangaben.

Was genau aufs Handout drauf kommt, hängt vom Vortrag und der Zielgruppe ab. In der Schule und wenn das Thema nicht in einer Klausur abgefragt wird, sollten die wichtigsten Stichpunkte und aussagekräftige Bilder drauf. Kommt der Referatsinhalt in der nächsten Klassenarbeit dran, dann sind ein zentrales Schaubild mit einem erklärenden Text und einige Literaturhinweise gern gesehen.

Tischvorlage

Bei mündlichen Prüfungen wird eine sehr spezielle Form des Handouts verlangt: eine Tischvorlage. Darauf befinden sich dann außer Name, Datum und Fach nur das Thema, die Gliederung und die vollständigen Quellenangaben.

Thesenpapier

Das Thesenpapier wird in der Schule nur selten verlangt und ist an der Uni häufiger anzutreffen. Es dient als Grundlage für die Diskussion nach dem Vortrag und enthält lediglich die Thesen des Vortrags. Da es zu Beginn des Vortrags ausgeteilt wird, sollten die Thesen in der Reihenfolge des Vortrags aufgelistet werden.

Im Gegensatz zum Handout weist es keine weiterführenden Informationen aus, die im Vortrag nicht erwähnt wurden.

Wenn dein Lehrer von dir ein „Thesenpapier" ein paar Tage vor deinem Vortrag verlangt, dann klär ab, ob er nicht einfach eine kommentierte Gliederung erwartet.

Die Ausarbeitung

Die Arbeit, die das Schreiben eines solch umfangreichen Texts macht, wird von vielen Schülern unterschätzt. Plane deshalb genügend Zeit dafür ein. Pro 5 Seiten ungefähr eine Woche. Recherche und Inhalt aneignen sind da jedoch nicht dabei.

Erfahrungsgemäß sind die häufigsten Probleme, denen sich Schülerinnen und Schüler beim Schreiben einer Ausarbeitung, Facharbeit oder Seminarkursarbeit gegenüber sehen:

→ Das Schreiben selbst, vor allem damit anzufangen

→ Die Formalitäten wie Zitate und Quellenangaben

→ Spezielle Probleme mit der Textverarbeitung.

Tipps zum Schreiben

(1) Der erste Satz fällt bekanntlich am schwersten. Wenn dir kein guter erster Satz einfällt, dann lass ihn einfach weg. Fang mit dem zweiten Satz an, also deinem Hauptpunkt, den du schreiben willst, und füge den Einleitungssatz bzw. Überleitungssatz später hinzu.

Diesen Tipp habe ich vor Jahren irgendwo im Internet gelesen. Da ich aber nicht dachte, dass er funktioniert habe ich mir nicht gemerkt, wo er gestanden hat. Inzwischen weiß ich es besser, der Trick funktioniert super.

(2) Mach deine Vorarbeiten wie sie in Kapitel 1 bis 6 beschrieben sind. Wenn du nach jedem Absatz wieder Recherchen machen musst und aus deinem Schreibfluss herausgerissen wirst, dann kommst du nicht zum Ende.

Schlimmer noch ist dann das Ergebnis deiner Mühen. Solche Texte springen ohne roten Faden wild von einem zum anderen Punkt und weisen keine saubere Struktur auf.

(3) Nimm dir ein Kapitel vor und mach dir zunächst Stichpunkte, was du alles in das Kapitel reinschreiben willst. Lege eine sinnvolle Reihenfolge fest und schreibe zu jedem Stichpunkt einen Absatz. Achte darauf, dass du verständlich formulierst und deine Gedanken klar ausdrückst.

(4) Schreibe in der Gruppe. Gerade bei Seminarkursarbeiten in der 11. Klasse werden manchmal 20 bis 40 Seiten Text gefordert. Das verlangt ganz schön viel Durchhaltevermögen. In der Gruppe geht das dann einfacher. Trefft euch mit euren Unterlagen und Laptops irgendwo, wo ihr ungestört seid und schreibt dort dann mehrere Stunden am Tag. Es tut gut, wenn ihr die anderen mal kurz nach ihrer Meinung fragen könnt oder einfach nur seht, dass die auch so viel schreiben müssen.

(5) Du weißt eigentlich was du schreiben willst, aber du kannst es noch nicht so wirklich gut in Worte fassen. Wenn du dich dann zwingst, trotzdem zu schreiben, kommt irgendwelches nichtssagendes, abstraktes Geplänkel raus, das sich dann doch sehr von dem unterscheidet, was du so vage im Kopf hattest.

Mein Lieblingstipp, der sehr gut funktioniert, auch wenn er sich zunächst komisch anhört: Führe ein Selbstgespräch schreibend am PC. Du interviewst dich quasi selbst, indem du dir Fragen zu deinem Kapitel stellst und die dann beantwortest.

Da hast du dann schon mal eine erste Formulierung gemacht, passende Worte gefunden und wirst dir klar, was du genau schreiben willst. Danach kannst du normalerweise ganz einfach dein Kapitel formulieren. Hier ein Beispiel:

- Was willst du in diesem Kapitel schreiben?

- Was halt alles bei der Ausarbeitung wichtig ist. Was man so beachten muss und natürlich noch ein paar hilfreiche Tipps, die ich meinen Schülern in der Seminarkursbetreuung immer gebe. Ich will halt die häufigsten Probleme adressieren.

- Und was sind die häufigsten Probleme deiner Schüler?

- Zuerst einmal, dass sie nicht wirklich ins Schreiben reinkommen, dass sie nicht wissen wo anfangen. Dann auf jeden Fall die Formalitäten wie Quellenangaben und Zitate. Und sehr oft gibt es auch Probleme mit der Textverarbeitung. Das geht beim Einfügen vom Inhaltsverzeichnis und Seitenzahlen los, die manche tatsächlich von Hand einfügen. Und bei Facharbeiten und Bachelor- oder Diplomarbeiten sind es dann eher spezielle Fragen wie: „Ich muss bei der Gliederung römische Zahlen verwenden und beim Text arabische Ziffern. Wie geht das?".

Quellenangaben

Für jede Präsentation oder Hausarbeit musst du die verwendeten Quellen angeben. Das hat den Zweck, dass jeder, der sich dafür interessiert, auf diese Quellen zugreifen kann, wenn er das will.

Du musst natürlich nicht jede Internetseite und jedes Buch angeben, das du benutzt hast, um dir das grundlegende Verständnis zu erarbeiten. Aber eben alle Webseiten, Artikel und Bücher, denen du wesentliche Informationen entnommen hast, die du dann auch präsentierst.

Um das nochmal mit dem Spiegelei (siehe Seite 126) auszudrücken: Eiweiß-Quellen werden nicht angegeben. Eigelb-Quellen müssen angegeben werden. Bücher mit eindrucksvollen Titeln, die du zwar von der Bücherei mitgenommen, aber nicht gelesen hast, solltest du natürlich nicht angeben.

Eigene, nicht veröffentlichte Quellen, wie z.B. Interviews, die du selbst geführt hast, solltest du bei schriftlichen Arbeiten ganz oder zumindest mit den relevanten Stellen in den Anhang packen.

So gibst du deine Quellen an

Bücher:

Nachname, Vorname (Jahr): Titel. Untertitel. Erscheinungsort: Verlag.

Zierhut, Kristina (2016): Wie man eine verdammt gute Präsentation macht. 10 Dinge, die dir niemand über richtig gute Referate gesagt hat. Norderstedt: BoD.

bei mehreren Autoren:

Nachname 1, Vorname 1 / Nachname 2, Vorname 2 (Jahr): Titel. Untertitel. Ort: Verlag.

Ab vier Autoren wird die Sache unleserlich, deshalb wählt man nur den erstgenannten Autor und kürzt den Rest ab mit dem Kürzel „et al." (das ist lateinisch für „und andere"):

Nachname 1, Vorname 1 et al. (Jahr): Titel. Untertitel. Ort: Verlag.

Herausgeber-Werke, Sammelbände etc.:

Bei Aufsätzen in Herausgeberwerken oder Sammelbänden musst du zwei Quellenangaben machen:
① Das Herausgeberwerk und ② den Aufsatz darin.

① Nachname, Vorname (Jahr): Titel des Gesamtwerkes. Untertitel. Ort: Verlag.

② Nachname, Vorname (Jahr): Aufsatztitel. Untertitel. In: Nachname, Vorname (Jahr): Titel des Gesamtwerkes. Untertitel. Ort: Verlag, Seite ... bis ...

Artikel in Fachzeitschriften:

Nachname, Vorname (Jahr): Aufsatztitel. Untertitel. In: Name der Zeitschrift Jahrgang, Heftnummer, Seite ... bis ....

Tageszeitungen:

Nachname, Vorname (Jahr): Titel. Untertitel. In: Name der Zeitung, Ausgabenummer (wenn es eine gibt) vom <Datum>, Seite(n).

E-Books:

E-Books werden ganz normal wie Bücher angegeben. Zusätzlich solltest du noch den Typ des E-Books (z.B. Kindle) und die Bezugsquelle (z.B. Amazon) hinzufügen.

Nachname, Vorname (Jahr): Titel des E-Books. [E-Book-Typ]. Ort: Verlag. Verfügbar über: E-Book-Bezugsquelle, ggf. URL

Fehlende Angaben:

Es kommt vor, dass du eine Quelle benutzt, deren Autor dir nicht bekannt ist, oder dir fehlen andere Angaben. Dann machst du dies im Literaturverzeichnis mit den folgenden Angaben kenntlich:

o.V. = ohne Verfasser

o.J. = ohne Jahresangabe

o.S. = ohne Seitenanzahl

o.O = ohne Ortsangabe

Internetquellen:

Name des Autors, alternativ Benutzername (Jahr): Beitragstitel. Untertitel. Dokumentart. Unter: Webseitenname: URL (=Internetadresse). Zuletzt abgerufen am: <Datum>.

Beispiele:

Hasse, Sandra (2011): Warum Sichelzellenanämie vor Malaria schützt. Mechanismus aufgeklärt. Pressemitteilung. Unter: http://www.zv.uni-leipzig.de/service/kommunikation/medien redaktion/nachrichten.html?ifab_modus=detail&ifab_id=4104 .

Zuletzt abgerufen am 22.12.2015.

Kurz-URL: http://t1p .de/1022

GeroMovieOriginal (2012): Transkription Biologie (kurze Version). Video. Unter: YouTube: https://www.youtube.com/watch?v=Rn9TVK5Ph-Q .

Zuletzt abgerufen am 17.01.2017

Bei Internetquellen gibt es einige Besonderheiten zu beachten.

Wenn der Autor des Beitrags bekannt ist, dann wird der Autorenname verwendet. Ist der Verfasser hingegen nicht bekannt, kann an der Stelle des Autorennamens der Benutzername oder der Name der Webseite (z.B. Was-ist-was) oder der betreibenden Organisation (z.B. Greenpeace) angegeben werden. Wichtig ist dabei, dass erkennbar ist, wem die Inhalte zuzuschreiben sind.

Die URL: Das ist die Internetadresse, unter der die Seite abrufbar ist. Wenn du sie in dein Dokument einfügst, dann wird sie vom Programm als Link eingefügt und automatisch unterstrichen. Um das zu verhindern, kannst du die Adresse entweder als Nur-Text einfügen oder nach dem Einfügen über das Kontextmenü (Rechtsklick auf den Link) „Hyperlink entfernen" wählen.

Kurz-URLs: Manchmal sind die Links so lang, dass sie sich über mehrere Zeilen erstrecken. In diesem Fall kannst du zusätzlich eine Kurz-URL angeben, die es deinem Lehrer oder Mitschülern ermöglicht, die Webseite einfacher zu erreichen.

Interviews und Schriftverkehr:

Falls du dich in deiner Arbeit auf Interviews mit Zeitzeugen, mit dem Künstler, über den du schreibst oder mit einem Experten zu deinem Thema (Autor, Wissenschaftler, etc.) stützt, gibst du das ebenfalls in deinem Quellenverzeichnis an. Bei schriftlichen Hausarbeiten solltest du Abschriften davon im Anhang abdrucken. Ebenso verfährst du mit eigener E-Mail-Korrespondenz oder Briefen deiner Urgroßeltern aus dem zweiten Weltkrieg.

Müller, Liese (2016). Zeitzeugeninterview, geführt von der Verfasserin. Pforzheim, 05.03.2016.

Timm, Christoph (2016), Denkmalbehörde Pforzheim. E-Mail an den Verfasser. Pforzheim, 17.04.2016.

Mertens, Ottokar (1942). Brief an Anna Mertens. Stalingrad, 07.10.1942.

Zitieren

Alle Gedanken, Forschungsergebnisse, Ideen oder Meinungen anderer Autoren, die du in deine Arbeit übernimmst, musst du als Zitat kenntlich machen. Das kannst du entweder wortwörtlich oder sinngemäß machen.

Direkte Zitate

Wenn du etwas Wort für Wort abschreibst, handelt es sich um ein direktes Zitat.

Ein direktes Zitat machst du genau dann,

- wenn ein namhafter Wissenschaftler einen Fachbegriff definiert, an dessen Erforschung er maßgeblich beteiligt ist oder
- ein Künstler eine Aussage über sein eigenes Werk macht.
- Wenn ein Kunstkritiker oder ein Politiker seine Meinung kundtut und du das im genauen Wortlaut widergeben möchtest, dann benutzt du ebenfalls direkte Zitate.

- Auch wenn du eine Literaturarbeit über ein Buch machst und Passagen daraus zitierst, auf die du in deinem Text Bezug nimmst.
- Manchmal beschreibt ein Autor einen Sachverhalt so treffend, dass du es nicht besser formulieren kannst. Auch dann übernimmst du diese Formulierung in einem direkten Zitat.

Bei einem direkten Zitat schreibst du den genauen Wortlaut so ab, wie es im Originaltext steht. Das Abgeschriebene setzt du dann in Anführungszeichen und schreibst die Quellenangabe (Autor, Jahr, Seitenzahl) dahinter in Klammern bzw. in die Fußnote.

Ist dein Zitat länger als drei Zeilen, machst du einen extra Absatz daraus und rückst es ein. Du kannst diesen Teil einzeilig und in einer kleineren Schriftgröße formatieren.

> „Im fahlen Mondlicht standen die Eichen gespenstisch auf der Anhöhe. Die alte Frau fröstelte, stapfte aber entschlossen weiter durch den tiefen Schnee, bis sie endlich den Ort erreichte, den sie seit ihrer Jugend gemieden hatte. In ihr tobte ein unerbittlicher Kampf gegen die Erinnerungen, die mehr und mehr anschwollen und die sie so lange in Schach gehalten hatte." (Müller-Mauerstein, 2013, S. 318)

Wenn du ein direktes Zitat machst, aber nur einen Teil eines Satzes übernehmen willst, kannst du die Auslassung durch [...] kenntlich machen. Die ursprüngliche Bedeutung des Zitats darfst du dadurch natürlich nicht verfälschen.

„Neuartige Lerntechniken wie beispielsweise das Visualisieren [...] nutzen die natürliche Arbeitsweise des Gehirns aus" (Zierhut, 2014, S. 9)

Du kannst ein Zitat auch in deinen eigenen Satz einbetten. Manchmal musst du das Zitat dann ergänzen, damit es grammatikalisch in deinen Satz passt. Das machst du ebenfalls in eckigen Klammern. Wenn du den Autor in deinem Text nennst, brauchst du ihn im Kurzbeleg nicht nochmal nennen. Da reichen dann die Jahres- und Seitenzahl.

Meier merkt dazu an, dass „das Verhalten der Kühe unter Stress vom regulären Verhalten unterschieden [werden müsse]" (2008, S.37)

Bei erklärenden Ergänzungen, wenn der Autor beispielsweise das Pronomen „sie" verwendet und damit „die Kühe" meint, schreibst du das ebenfalls in eckige Klammern, ergänzt um den Hinweis Anmerkung des Verfassers.

„worauf sie [die Kühe, Anm. des Verf.] aufgeregt über die Wiese rannten" (Meier, 2008, S. 48)

Indirekte Zitate

Wenn du sinngemäß das Gedankengut anderer mit eigenen Worten wiedergibst, handelt es sich um ein indirektes Zitat. Auch das musst du kenntlich machen und mit Quellen belegen.

Dazu gehört alles, was du aus einem Buch oder Aufsatz entnimmst, nicht wortwörtlich, sondern mit eigenen Worten formulierst. Ebenso, wenn du einen Sachverhalt, den ein Autor über mehrere Seiten detailliert beschreibt, in ein paar Sätze zusammenfasst.

Umformulieren ist keine eigenständige Denkleistung. Aber auch kein direktes Zitat. Deshalb lässt du die Anführungszeichen weg und schreibst nur am Ende des indirekten Zitats den Kurzbeleg mit der Abkürzung vgl. (= vergleiche) davor. Beispiel:

Auch beim Visualisieren wird die natürliche Arbeitsweise des Gehirns ausgenutzt (vgl. Zierhut, 2014, S. 9).

Quellenangaben im Text

Es gibt drei verschiedene Varianten, wie man im Text seine Quellen angibt. Entscheide dich für eine und benutze sie einheitlich in deiner gesamten Arbeit.

Variante 1: Kurzbeleg in Klammer

„Direkte Zitate werden in Anführungszeichen gesetzt, gefolgt vom Kurzbeleg mit Seitenzahl" (Mustermann 2014, S. 9).

Indirekte Zitate sind das Gedankengut anderer Autoren, die du mit eigenen Worten formulierst. Bei ihnen machst du keine Anführungszeichen. Die Quelle gibst du ohne Seitenzahl im Kurzbeleg an (vgl. Mustermann 2014).

Variante 2: Kurzbeleg als Fußnote[1]

Variante 3: Vollbeleg als Fußnote[2]

_____

[1] vgl. Mustermann 2014
[2] vgl. Mustermann, Max (2014): Zitieren wie die Meister. Köln: Beispielverlag.

Quellenangaben im Quellenverzeichnis

→ immer als Vollbeleg

Alle verwendeten Quellen werden auf jeden Fall als Vollbeleg im Quellenverzeichnis am Ende deiner Ausarbeitung (Hausarbeit, Seminararbeit, Facharbeit) alphabetisch sortiert aufgelistet. Wenn du viele Quellen hast, kannst du sie auch in Abschnitte unterteilen:

Bücher

Zeitschriften

Internetquellen

Interviews

Quellenangaben in der mündlichen Präsentation

→ Quelle mündliche nennen, wenn es den Vortrag nicht unnötig stört. Z.B. „Laut einer Umfrage der Frankfurter Allgemeinen Zeitung sind 20%..."

→ Vollbeleg aufs Handout

Quellenangaben in der Präsentation mit Powerpoint, Prezi oder OHP-Folien

→ Kurzbeleg in Klammer oder als Fußnote bei Bildern, Graphiken, Statistiken, Zahlenmaterial

→ Vollbeleg aufs Handout

Quellenangaben auf dem Handout

→ Vollbeleg im Quellenverzeichnis.

Bei sehr langen Links von Internetquellen solltest du dir überlegen, ob du nicht (zusätzlich) eine KurzURL angibst, um es deinen Klassenkameraden leichter zu machen die Webseite aufzurufen. Das ist vor allem dann angebracht, wenn dein Thema in der nächsten Klassenarbeit drankommt.

Textverarbeitung

Die formalen Vorgaben deines Lehrers wie Anzahl der Seiten, Schriftgröße, Seitenränder usw. müssen unbedingt eingehalten werden. Am besten stellst du das bei deinem Dokument ein, sobald du zu schreiben beginnst. Bei Word kannst du das z.B. im Menü „Seitenlayout" machen.

Erfahrungsgemäß sind die häufigsten Probleme bei der Textverarbeitung das Einfügen von Seitenzahlen und Inhaltsverzeichnissen. Deshalb möchte ich diese beiden Punkte hier kurz erklären. Falls du ein anderes Programm benutzt, kannst du dir auch im Internet ein Video dazu anschauen. Wenn du bei der Suche das Stichwort „tutorial" eingibst, findest du meistens gute Erklärvideos.

Inhaltsverzeichnis einfügen

Das Inhaltsverzeichnis solltest du auf keinen Fall manuell anlegen. Jedes Textverarbeitungsprogramm fügt es dir automatisch ein, wenn du ihm die richtigen Voraussetzungen dafür lieferst. Dann macht es auch kein Problem, wenn du nachträglich noch die Reihenfolge der

Kapitel änderst oder zwischendrin etwas hinzufügst, das alles andere nach hinten verschiebt.

Um ein automatisches Inhaltsverzeichnis anzulegen, musst du deinem Programm mitteilen, was an deinem Text Überschriften sind und was nur Standardtext ist. Word sucht nach den Überschriften und fügt dann das Inhaltsverzeichnis in das Dokument ein. Formatiere deine Überschriften mit Formatvorlagen (die sind im Menü „Start" und heißen „Überschrift 1", „Überschrift 2" usw.).

Das kannst du machen, indem du am Zeilenanfang auf die entsprechende Formatvorlage (z.B. „Überschrift 1") klickst und dann die Überschrift hinschreibst. Alternativ kannst du die schon vorhandene Überschrift markieren und dann auf „Überschrift 1" klicken. Die Schriftart und -größe kannst du dessen ungeachtet immer noch verändern.

Zum Einfügen des Inhaltsverzeichnisses gehst du mit dem Cursor an die entsprechende Stelle im Dokument, an der du das Inhaltsverzeichnis haben möchtest und wählst im Menü „Verweise" den Befehl „Inhaltsverzeichnis einfügen".

Wenn du mit deiner Ausarbeitung fertig bist, gehst du nochmal auf „Inhaltsverzeichnis aktualisieren" (alternativ mit Rechtsklick auf das Inhaltsverzeichnis und „Felder aktualisieren" wählen), so dass auch alle Änderungen von deinem Textverarbeitungsprogramm berücksichtigt werden.

Seitenzahlen einfügen

Bei den meisten Ausarbeitungen für die Schule reicht es aus, einfache Seitenzahlen einzufügen. Dazu wählst du bei Word im Menü „Einfügen" den Befehl „Seitenzahl" und suchst dir aus, wo du im Dokument deine Seitenzahl haben möchtest (z.B. am Dokumentende, d.h. unten in der Fußzeile).

Für Arbeiten im Seminarkurs oder später im Studium wird oft vorgeschrieben, dass du das Inhaltsverzeichnis, Abkürzungsverzeichnis, Abbildungsverzeichnis usw. auf den ersten Seiten der Arbeit mit römischen Zahlen und die Textseiten mit arabischen Zahlen nummerierst. Das ist dann etwas kniffliger. Hier musst du dein Dokument in zwei Abschnitte teilen: Du setzt den Cursor ans Ende der letzten Seite, die mit römischen Zahlen nummeriert werden soll, und wählst im Menü „Seitenlayout" den

Befehl „Umbrüche", dann „Abschnittsumbrüche" und dort „Nächste Seite". Word fügt dann einen neuen Abschnitt ein.

Jetzt kannst du in jedem Abschnitt eigene Seitenzahlen einfügen. Um Seitenzahlen mit arabischen Ziffern für den zweiten Abschnitt zu erhalten, setzt du zunächst deinen Cursor in den zweiten Abschnitt, dorthin wo du deinen Text schreiben willst. Dann wählst du im Menü „Einfügen" den Befehl „Seitenzahl" und suchst dir aus, wo du im Dokument deine Seitenzahl haben möchtest.

Du gehst nochmal zu „Seitenzahl". Unter „Seitenzahl formatieren" wählst du dann als „Zahlenformat" die arabischen Ziffern aus und weiter unten wählst du die Option „Beginnen bei 1". Dann mit OK bestätigen.

Um Seitenzahlen mit römischen Ziffern für den ersten Abschnitt zu erhalten, setzt du deinen Cursor auf eine Seite im ersten Abschnitt, z.B. auf die Seite mit deinem Inhaltsverzeichnis. Du wählst wieder im Menü „Einfügen" den Befehl „Seitenzahl" und suchst dir abermals aus, wo du im Dokument deine Seitenzahl haben möchtest.

Um römische Zahlen zu erhalten, wählst du nochmal „Seitenzahl" und dann „Seitenzahl formatieren" aus. Es öffnet sich ein kleines Fenster und du kannst dort bei „Zahlenformat" römische Zahlen aus dem Dropdown-Menü auswählen.

Weiter unten wählst du die Option „Beginnen bei 2" aus, wenn du das Titelblatt in einem separaten Dokument erstellst. Dann mit OK bestätigen.

Ist die erste Seite deines Dokuments das Titelblatt deiner Arbeit, dann nimmst du die Option „Beginnen bei 1". Da das Titelblatt zwar mitgezählt, aber nicht nummeriert wird, musst du in diesem Fall noch einen weiteren Schritt unternehmen:

Doppelklicke auf die Fußzeile deines Dokuments, wenn du dort die Seitenzahlen hast (wahlweise kannst du im Menü „Entwurf" auf „Fußzeile" und dann „Fußzeile bearbeiten" klicken). Es öffnet sich ein neues Menü, das „Kopf- und Fußzeilentools Entwurf" heißt. Dort findest du bei Optionen ein Auswahlkästchen mit der Bezeichnung „Erste Seite anders". Wähle diese Option aus und die Seitenzahl erscheint nicht auf der Titelseite.

Korrekturleser

Vor der Abgabe deiner Ausarbeitung kannst du deine Arbeit noch von einer Freundin oder deinen Eltern Korrektur lesen lassen. Das ist eine sinnvolle Sache. Beachte dabei die folgenden zwei Punkte:

Erstens: Es gibt verschiedene Arten von Korrekturlesern. Sag deinem Korrekturleser, was du von ihm erwartest. Beschränke dich auf einen Punkt, sonst ist dein Korrekturleser schnell überfordert und du bekommst keine gute Rückmeldung.

- Thementreue: Der Korrekturleser prüft, ob der Inhalt zu deinem Thema passt und vollständig ist.
- Logik: Der Korrekturleser prüft die Reihenfolge deiner Argumentation und den logischen Aufbau deiner Struktur. Das kann und sollte früh im Entstehungsprozess deiner Arbeit erfolgen und geht schon mit der Gliederung.
- Stil und Sprache: Der Korrekturleser prüft, ob du verständlich und konkret geschrieben hast, ob deine Sprache an manchen Stellen umgangssprachlich oder zu salopp ist oder so hochgestochen und abstrakt, dass man deinen Text nicht mehr versteht.

- Formalitäten: Der Korrekturleser prüft dein Literaturverzeichnis und andere Verzeichnisse. Er schaut, ob du deine Zitate richtig gekennzeichnet hast.
- Rechtschreibung und Grammatik: Die Rechtschreibprüfung in den gängigen Textverarbeitungsprogrammen ist ziemlich gut, aber eben doch nicht unfehlbar. Da ist es besser, wenn du jemanden drüber schauen lässt, der ein gutes Auge für Rechtschreibung und Grammatik hat.
- Formatierung: Der Korrekturleser prüft dein Inhaltsverzeichnis (Seitenzahlen stimmen, Unterpunkt 2.1 ohne 2.2, etc.), Überschriften, Kopfzeile, Seitenzahlen, Beschriftung von Bildern, Diagrammen und Tabellen, sauberer Ausdruck, Bindung.

Zweitens: Beziehe deine Korrekturleser in die Zeitplanung mit ein. Dazu gehört nicht nur, dass dein Korrekturleser Zeit zum Lesen braucht, sondern auch, dass du Zeit zum Verbessern brauchst. Vor allem bei der Prüfung auf Inhalt, Thementreue, Logik des Aufbaus und der Reihenfolge musst du längere Korrekturfristen einberechnen.

⑨ Sei

souverän

Souverän auftreten

Souveränes Auftreten ist sehr wichtig für eine gelungene Präsentation. Nur wenn du es schaffst, souverän aufzutreten, wirkst du überzeugend und deine Mitschüler und dein Lehrer nehmen dir ab, dass du weißt, wovon du sprichst.

Gehe deshalb mit der richtigen Einstellung an deinen Vortrag: Freu dich, dass du deine Zuhörer mit deiner Präsentation begeistern kannst. Es ist doch schön, wenn du deinen Klassenkameraden eine kurzweilige und informative Unterrichtsstunde bescheren kannst und sie sich nicht wieder im regulären Unterricht langweilen müssen.

Wenn du dich gut vorbereitet hast, dein Thema gut verstehst und eine verdammt gute Präsentation geplant hast, dann kann ja auch nichts mehr schiefgehen. Und wenn doch, dann findest du in diesem Kapitel noch den einen oder anderen Tipp. Ich wünsche dir viel Erfolg. Du kriegst das hin!

Blickkontakt

Was nicht geht:

- Auf den Boden starren
- An die Tafel bzw. Beamerprojektion starren
- Nur deinen Lehrer anschauen

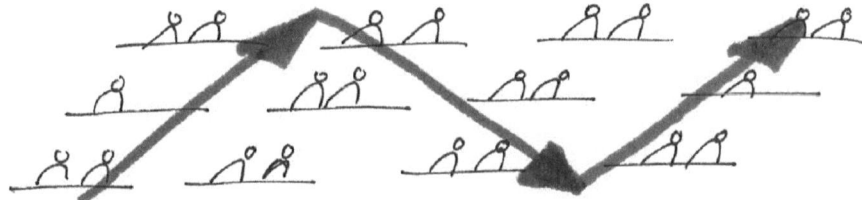

Wohin also schauen? Denk dir ein N durchs Publikum. Dann fühlt sich jeder angeschaut.

Spreche lebendig

Du hast das sicher schon erlebt: vorne steht ein Sprecher, der monoton vor sich hinbrabbelt. Du schläfst fast ein, obwohl du dir vorgenommen hast, aufzupassen. Und am Ende hast du keine Ahnung, um was es in diesem Vortrag ging.

Monotones Sprechen wird zwar bewusst bei Hypnose eingesetzt, weil die gleichförmige Art schnell in den Alphazustand führt. Bei deiner Präsentation willst du deine Zuhörer aber wach halten und nicht einschläfern. Deshalb solltest du lebendig sprechen.

Betone, was du sagen willst, wechsle die Lautstärke und die Tonhöhe. Du kannst das gezielt vorbereiten, indem du deinen Vortrag nicht einfach nur zur Übung aufsagst, sondern ein bisschen mit deinem Vortrag spielst. Mach z.B. einen komischen Lehrer nach, wie der deinen Vortrag rüberbringen würde oder einen Prominenten. Probiere verschiedene Varianten aus. Übertreibe die Betonung stark, beim Vortrag fährst du dann von ganz allein wieder auf ein normales Maß runter.

Spreche deutlich

Nuscheln und undeutliches Sprechen entsteht, wenn deine Mundmuskulatur faul ist. Du kannst sie trainieren, indem du einen Korken zwischen die Zähne nimmst und damit laut deinen Vortrag sprichst oder einen Text vorliest. Mach das am besten, wenn du allein bist, damit dich niemand für verrückt hält. Regelmäßig geübt wird deine Aussprache merklich deutlicher.

Spreche laut

Da sich Lehrer bei einer Präsentation oft nach hinten setzen und auch deine Mitschüler in der letzten Reihe etwas verstehen sollen, musst du laut sprechen. Wenn du nur eine dünne, leise Stimme hast, dann kannst du lautes Sprechen trainieren.

Griechischen Überlieferungen zufolge hat der Redner Demosthenes seine Stimme gestärkt, indem er gegen die Meeresbrandung sprach. Wenn du in einer lauten Umgebung bist, fällt es dir leichter, laut zu sprechen. Zum Üben ist das ideal.

Hochdeutsch oder Dialekt?

Das ist eine knifflige Frage. Eigentlich solltest du bei einem Schul-Referat hochdeutsch sprechen. Wenn das für dich aber so ungewohnt ist, dass man regelrecht merkt, wie du dich damit abmühst und es trotzdem nicht klappt, dann lass es lieber. Solange dein Dialekt für deinen Lehrer und deine Mitschüler verständlich ist, kommst du lockerer und authentischer rüber, wenn du dabeibleibst.

Sprechtempo

Rede in deiner Präsentation langsamer. Viel langsamer, als du denkst, dass es normal ist. Kennst du den Zeichentrickfilm „Findet Nemo"? Da gibt es eine Szene in der Dori walisch redet. Wenn es dir beim Vortragen so vorkommt, als ob du walisch redest, dann kommt es bei deinem Publikum richtig an.

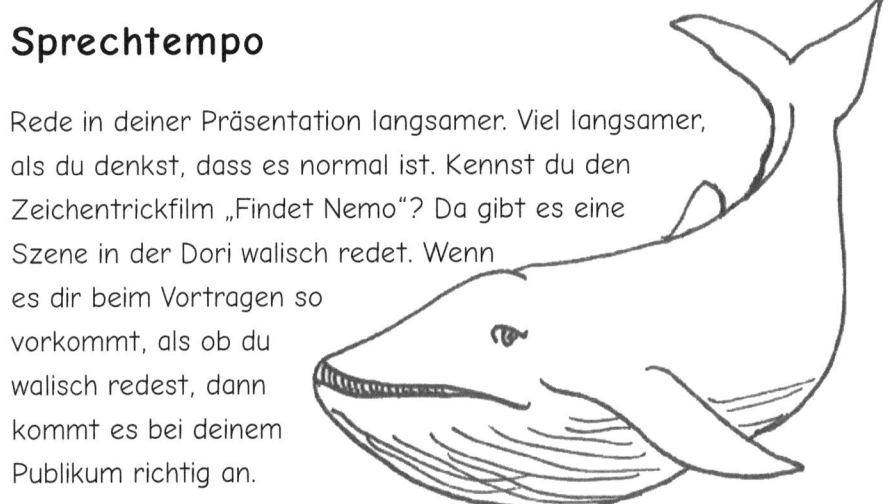

Um zu prüfen, wie dein Sprechtempo ist, kannst du deinen Vortrag mit deinem Handy aufnehmen und ihn dir selbst anhören.

Das Ergebnis ist dann gut, wenn es dir ein bisschen zu langsam erscheint (90 bis 100 Worte pro Minute). Das liegt daran, dass du ja schon weißt, was du sagst. Für deine Zuhörer ist dein Vortrag aber neu. Sie hören ihn zum ersten Mal. Gib ihnen die Zeit, dass sie dich verstehen.

> **Tipp:** Zähle in deinem Text 100 Wörter ab, zeichne mit deinem Handy ein Video auf. wie lange du zum Vorlesen brauchst.

Falls du zu den Schnellsprechern gehörst (das haben dir deine Freunde dann schon häufig gesagt), kannst du auch eine Präsentationstechnik wählen, die dich zwingt, langsamer zu sprechen oder zumindest mehr Pausen zu machen. Die Pinnwand oder Tafelanschriebe haben sich in solchen Fällen bewährt (siehe auch Seite 154).

Pausen

Pausen geben dir bei der Präsentation Zeit, nachzudenken, wie du deinen nächsten Satz sagst. Füllsel wie "ähm" werden dadurch reduziert. Du drückst dich klarer und gewählter aus.

Absätze verbessern die Lesbarkeit eines Textes.

Pausen verbessern die Verständlichkeit eines Vortrags.

Die gefühlte Pausenzeit ist um den Faktor 5 länger als die tatsächliche Pausenzeit, d.h. dem Redner kommt die Pause 5 mal so lang vor wie den Zuhörern.

Pausen unter 1 Sekunde nimmt das Publikum gar nicht wahr, deshalb langsam im Kopf 1 – 2 – 3 zählen.

Spannungspause

Sie wird VOR einem wichtigen Wort oder Satz bewusst eingesetzt, um Spannung zu erzeugen. Z.B. „Und der Gewinner ist … (Pause…Spannung steigt)… Leonardo DiCaprio."
Das Wort oder die Aussage, die nach der Pause kommt, wird durch die Pause ganz besonders hervorgehoben.

Wirkpause

Sie wird NACH einem wichtigen Wort, einer neuen Definition oder einer Pointe eingesetzt. Die Wirkpause ist vor allem dann wichtig, wenn du neue Fachbegriffe einführst oder schwierige Sachverhalte erklärst. Die Pausen geben deinen Zuhörern Zeit, das Gesagte zu verarbeiten.

Strukturpause

Sie GLIEDERT deinen Vortrag in Sinnabschnitte. Deine Zuhörer können sich besser orientieren und erhalten genügend Zeit, um das Gehörte einzuordnen.

Die Fragerunde

Im Anschluss an deinen Vortrag schließt sich normalerweise eine Fragerunde an. Der Großteil der Fragen bezieht sich auf das Thema deines Referats, wird aber auf Punkte abzielen, die du nicht genannt hast (Eiweißbereich).

Wenn du beispielsweise ein Referat über Gras hältst, dann erzählst du, dass Gras grün ist und in deinem Garten wächst und von Kühen gefressen wird. Am Ende deines Vortrags wird dich dein Lehrer dann nicht fragen, welche Farbe Gras hat. Das hast du ja erzählt. Er wird eher fragen woher die grüne Farbe kommt oder wie oft du in der Woche den Rasen mähen musst.

Einfache Fragen des Lehrers liegen nah am Eigelbbereich, schwierige Fragen weiter entfernt.

Manchmal kommt es auch vor, dass der Lehrer eine Frage außerhalb des Eiweißbereiches stellt. Dann ist es üblicherweise nicht schlimm, wenn du sie nicht beantworten kannst.

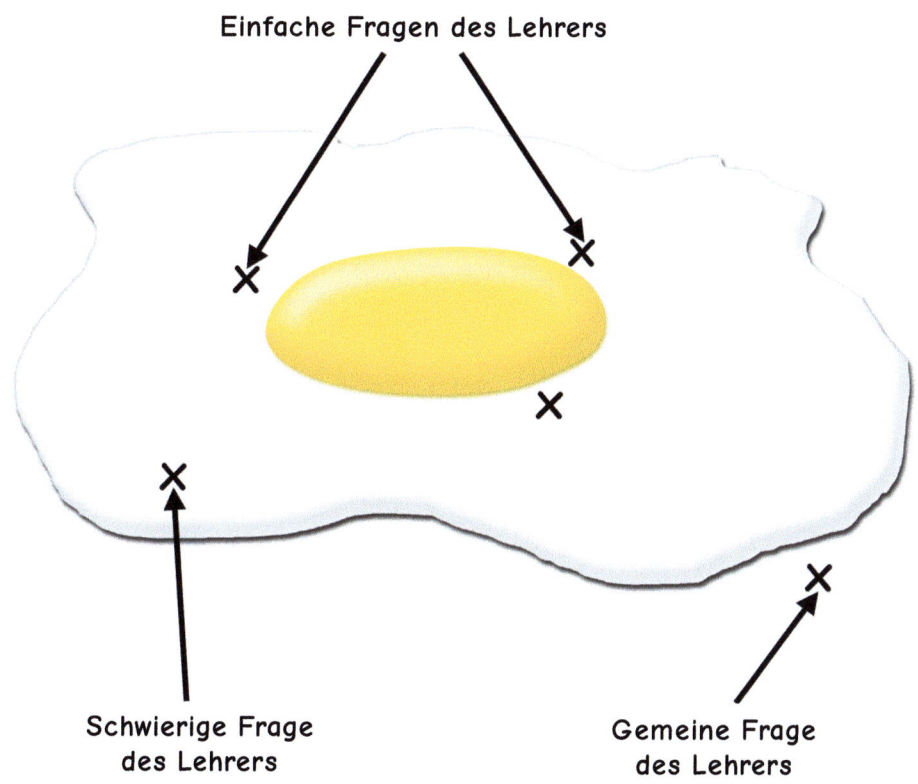

In manchen Fächern kann es auch vorkommen, dass dich dein Lehrer noch eine kleine Aufgabe zum Thema an der Tafel lösen lässt. Das kann beispielsweise in Mathe eine Rechenaufgabe sein oder in Chemie eine Reaktionsgleichung.

Auch auf eine ganz unvorhergesehene Art von Fragen solltest du vorbereitet sein:

Wie bist du auf das Thema gekommen?

Wo hast du deine Informationen her?

Wie bist du bei der Recherche vorgegangen?

Kannst du uns bitte deine Gliederung kurz erläutern?

Ergaben sich bei der Bearbeitung auch offene Fragen?

Zu welchen Einsichten bist du gelangt?

Wie ist deine Meinung dazu?

Fremdsprachige Vorträge

Vorbereitung

Vorträge in einer Fremdsprache haben besondere Anforderungen, damit sie gut gelingen. Das fängt bereits bei der Vorbereitung an.

Ganz wichtig, weil es sonst zwingend schiefgeht: Recherchiere in der Fremdsprache. In Zeiten des Internets ist das kein Problem mehr. Du kannst bei Google einstellen, dass dir nur Treffer in einer bestimmten Sprache angezeigt werden. Du kannst auch „kids" oder „enfants" zu deinem Suchbegriff eingeben, dann findest du oft Kinderseiten, auf denen dein Thema in einfachen Worten erklärt wird.

Ein weiterer guter und unheimlich wichtiger Tipp: Schau dir Videos zu deinem Thema in der Fremdsprache an. Die guten kannst du dir mehrfach anschauen. So übst du auch gleich die Sprachmelodie, die Aussprache und du lernst wichtige Vokabeln und Redewendungen kennen.

Außerdem unterscheidet sich die gesprochene Sprache von der geschriebenen. Das sind Feinheiten, die für einen Sprachlerner schwierig zu erfassen sind. Lernst du mit Filmen, drückst du dich später automatisch besser aus.

Wenn du passende Videos oder Audiodateien gefunden hast und sie gut verstehst, kannst du sie im Hintergrund laufen lassen, während du dich mit anderen Dingen beschäftigst. Das nennt man „passiv lernen". Dadurch werden typische Fachbegriffe und Satzstrukturen von deinem Unterbewusstsein aufgenommen und du kannst dich in deinem Thema freier ausdrücken.

Vokabular

Lerne das typische Vokabular für dein Thema. Das findest du häufig in deinem Schulbuch oder in einem thematischen Grundwortschatz. Falls du dort nicht fündig wirst, ist es sinnvoll dir schon bei deiner Recherche die unbekannten Wörter herauszuschreiben. Am besten in ein Vokabelheft.

Die Aussprache neuer Wörter kannst du bei vielen Online-Wörterbüchern wie z.B. Wiktionary oder Leo anhören. Klicke dazu auf das Symbol 🔊). Am besten hörst du dir das mehrfach hintereinander an.

Die neuen Wörter und Fachbegriffe deines Themas erklärst du der Klasse bei der Präsentation. Musst du viele neue Wörter einführen (weil es halt nicht anders geht), dann kannst du sie auch mit Übersetzung aufs Handout schreiben und dieses schon zu Beginn deines Vortrags austeilen. Alternativ kannst du die neuen Begriffe auch mit guten Bildern verständlich machen. Ein Beispiel dazu findest du auf Seite 151.

Vortragsplanung

Bei fremdsprachigen Vorträgen möchten die meisten Referenten den kompletten Vortragstext ausformulieren. Nach einem Auslandsjahr, im bilingualen Zug oder in höheren Klassen ist das nicht notwendig. In den ersten Lernjahren, wenn man noch nicht viel Praxis im freien Formulieren in der Fremdsprache hat, macht das jedoch Sinn.

Was allerdings nicht funktioniert: Den Text auf Deutsch formulieren und dann in die Fremdsprache übersetzen. Das Resultat ist dann fast immer schlechtes Englisch (Französisch, Spanisch...), d.h. deutscher Satzbau mit englischen (französischen, spanischen...) Wörtern.

Besser: Schreibe den Text schon in der Zielsprache. Wenn du eine gute Vorbereitung gemacht hast (siehe oben), dann fällt das ziemlich leicht.

Formuliere kurze, leichte Sätze. Der Text muss für deine Zuhörer verständlich sein. Lange Schachtelsätze sind schon in der Muttersprache schwer zu verstehen. In der Fremdsprache wird es noch problematischer.

Mach dir keine Sorgen um das sprachliche Niveau. Das erzeugst du mit typischen Redewendungen für Vorträge und schönen sprachlichen Übergängen. Entsprechende Listen findest du in deinem Schulbuch oder dem Internet. Wähle die Formulierungen aus, die dir am besten gefallen und die in deinem Vortrag Anwendung finden.

"In today's presentation I'd like to talk about …"

"Firstly, …"

"Now let's move on to …"

"I'd like to add …"

"To illustrate that point…"

"That brings me to the end of my presentation."

"To summarize…"

"Please feel free to ask your questions now."

« J'ai décidé de présenter le problème de…. »

« En premier lieu… »

« Un deuxième aspect du problème est que… »

« d'un côté… d'un autre côté »

« Il est sûr et certain que… »

« En conclusion, je voudrais dire que… »

"voy a hablar sobre"

"no sólo….,sino también…."

"para ilustrar"

"después"

"Muchas gracias por vuestra atención"

Referate in der Gruppe

Gruppenreferate sind ein bisschen so wie ein Fußballspiel. Selten kann eine Fußballmannschaft gewinnen, wenn nur ein richtig guter Spieler dabei ist. Und es macht auch keinen Sinn, wenn jeder Spieler versucht allein mit dem Ball zum Tor zu rennen und die anderen ignoriert. Eine Mannschaft ist dann richtig gut, wenn sie zusammenspielt, wenn die Spieler den Ball da hinkicken, wo ein Spieler frei ist und für die Mannschaft was erreichen kann. Das gleiche gilt auch für eine Präsentation in der Gruppe.

Du kannst auch an eine Musikgruppe oder ein Orchester denken. Die müssen sich aufeinander einstimmen und bringen dann zusammen ein Musikstück hervor, das einer allein so nicht hätte vorspielen können. Trotzdem muss jeder sein eigenes Instrument beherrschen, d.h. jedes Gruppenmitglied muss sich den Stoff aneignen und nicht nur am Ende die Zusammenfassung der anderen vorlesen.

Gruppenreferate sind also eine ganz spezielle Herausforderung. Leider werden dabei immer wieder die gleichen Fehler gemacht. Das Thema wird aufgeteilt und die Einzelreferate dann aneinandergereiht. Von einer Gruppenarbeit ist beim Vortrag nichts zu sehen. Dabei kannst du ganz einfach die Synergieeffekte der Gruppe nutzen („Das Ganze ist mehr als die Summe seiner Teile."). Du brauchst nur die richtigen Ansatzpunkte, um es besser zu machen. Hier sind die drei besten:

Ansatzpunkt Organisation

Fehler: Die Gruppe trifft sich nur, wenn alle Zeit haben. Deshalb finden sie nur schwer einen Termin. Es wird heftig diskutiert, ob der Ballettunterricht ein triftigerer Grund ist als sich mit seinem Freund zu treffen, den man sonst die ganze Woche nicht sieht.

Besser: Legt Gruppentermine fest. Es können ja auch mehrere sein, so dass immer ein anderer entscheiden muss, ob er seinen Privattermin verlegt oder nicht. Wenn in der Gruppe „was geht", schaffen es die meisten Schüler, sich dann doch irgendwie die Zeit frei zu räumen.

Fehler: Wenn bei einem Treffen ein Gruppenmitglied fehlt, wird nichts gemacht, weil ja einer fehlt.

Besser: Fehlen ein oder mehrere Gruppenmitglieder, wird trotzdem was gemacht. Stell dir vor, in einem Unternehmen ist ein Mitarbeiter krank und alle anderen lassen dann ihre Arbeit liegen, weil einer fehlt.

Damit trotzdem alle informiert sind, könnt ihr in kurzen Stichpunkten aufschreiben, was ihr alles gemacht habt, welche Erkenntnisse ihr hattet, was ihr beschlossen habt, usw. und davon ein Foto in eure Whatsapp-Gruppe stellen.

Ansatzpunkt Gruppenarbeit

Fehler: Beim Gruppentermin werden nur belanglose Sachen geredet, die Gruppe kommt nicht richtig zum Punkt und auch nicht wirklich ins Thema rein.

Besser: Nutzt Methoden für die Arbeit in Gruppen. Eine simple, aber höchst effektive Methode sind ABC-Listen[7].

So geht's: Jedes Gruppenmitglied schreibt das Alphabet an den Rand eines Blatts. Dann wird eine Zeit (geeignet sind 3 bis 5 min) ausgemacht. So lange hat jeder Zeit, so viele Begriffe wie möglich zum Thema in die ABC-Liste zu schreiben. Anschließend werden die Listen verglichen und jeder ergänzt mit einem andersfarbigen Stift die Begriffe der anderen.

Beim Vergleichen entstehen schon gute Gespräche. Z.B. „Warum hast du CO_2?" – „Weil erstens durch die Brandrodung viel CO_2 frei wird, das die Umwelt belastet und zweitens weniger Bäume da sind, die das CO_2 aus der Luft aufnehmen und Sauerstoff produzieren." Die Gruppe kommt schnell tief ins Thema und schüchterne Gruppenmitglieder kommen einfacher ins Gespräch.

Tropischer Regenwald
A Artenvielfalt
B Brandrodung
C CO_2
D Dünger
E
F Faultier
G
H
I
J
K Klima
L
M Medikamente
N
O Orchideen
P
Q
R
S Stockwerkbau
T Tropen
U
V
W Wasserspeicher
X
Y
Z

Ansatzpunkt Präsentation

Fehler: Jeder plant seine eigene Präsentation. Außer der Reihenfolge der einzelnen Beiträge wird nicht viel abgesprochen.

Besser: Nutzt die Möglichkeiten aus, die ihr in der Gruppe habt. Das können Kleinigkeiten sein, bei denen die anderen Gruppenmitglieder unterstützend wirken. Beispielsweise hat Timo einen Vortrag gehalten und währenddessen haben die anderen Gruppenmitglieder im Hintergrund die passenden Bilder an einem Zeitstrahl aufgehängt.

Ihr könnt auch den gesamten Vortrag abwechselnd halten. Das ist vor allem bei Zweiergruppen eine interessante Möglichkeit oder wenn das Thema nicht so recht aufgeteilt werden kann.

Wenn eure Teilthemen aufeinander aufbauen, dann könnt ihr auch eure Präsentation entsprechend gestalten. Bei einer Kurzpräsentation zum Ozonloch zeigte Alex zuerst den Aufbau der Atmosphäre, die Ozonschicht und deren Funktion. Dazu malte er eine Skizze an die Tafel. Dann erklärte Leonie den natürlichen Treibhauseffekt, indem sie die Skizze ergänzte. Zum Schluss sprach dann Nena die Problematik mit dem Ozonloch an und benutzte dazu dieselbe Skizze. Dadurch wirkte die ganze Präsentation einheitlich.

Solch ein gemeinsames Vorgehen lässt sich gut mit einem Storyboard (siehe Seite 132) planen. Hier habt ihr auch eine gute Grundlage, um über die einzelnen Szenen ohne Missverständnisse zu sprechen.

Wenn ihr PowerPoint einsetzt, dann solltet ihr eine (!) Präsentation haben und nicht mehrere. PowerPoint und Prezi in einer Präsentation zu benutzen ist nicht sinnvoll. Entscheidet euch für eine Variante.

Zum Schluss noch ein Trick, um die Gruppe einheitlich wirken zu lassen: Sprecht euch mit den Klamotten ab. Gleiche Farbe bei den T-Shirts und Jeans reicht schon aus, um den Anschein von Zusammengehörigkeit zu erzeugen.

Erste-Hilfe-Paket bei Pannen / Krisenhelfer

Was tun, wenn die Technik versagt?

Für diesen Fall sollte man immer einen Plan B (B steht für Back-up) in der Tasche haben. Das können beispielsweise Folien für den Overheadprojektor sein oder man fertigt einen Tafelanschrieb an, um die wichtigsten Punkte zu visualisieren (bitte vorher schon überlegen, wie das dann aussehen soll).

Bei Schul-GFS und Nicht-Verschulden des Schülers kann man auch den Lehrer bitten, den Termin zu verschieben.

Was tun, wenn ich den Faden verliere und einfach nicht mehr weiterweiß?

Springe einfach zum nächsten Gliederungspunkt. Im Normalfall fängst du dich dann wieder.

Wenn das nicht geht, sagst du einfach „Habt ihr bis hierher Fragen?" Vielleicht hilft dir eine Frage ja wieder auf die Sprünge. Falls nicht ist es eine unauffällige Überleitung zu sichereren Gefilden.

Was tun, wenn ich während des Vortrags merke, dass ich etwas vergessen habe zu sagen?

Auf keinen Fall die Präsentation unterbrechen und nochmal zurückspringen. Mach sowas nie.

Falls das Vergessene zu einem späteren Zeitpunkt in der Präsentation gebraucht wird, fädelst du es einfach da ein.

Falls es später nicht gebraucht wird, wartest du einfach darauf, dass du nach deinem Vortrag danach gefragt wirst. Passiert das nicht, war's wohl nicht so wichtig...

Was tun, wenn mir während der Präsentation ein Fehler auffällt oder die Reihenfolge nicht stimmt?

Darüber hinweg schauen. Echt. Sobald du vor der Klasse stehst, änderst du nichts mehr.

Wenn dich jemand auf den Fehler anspricht, berichtigst du ihn, ansonsten einfach ignorieren.

Was tun, wenn keiner eine Frage stellt?

Im Vorfeld kannst du das vermeiden, indem du einem Klassenkameraden eine Frage quasi zuschiebst, d.h. ihn oder sie bittest, eine bestimmte Frage zu stellen.

Ansonsten wartest du eine Weile und schließt dann mit sowas wie: „Gut, dann hab ich wohl alles erzählt, was ihr wissen wolltet. Ich danke für eure Aufmerksamkeit." Dann packst du deine Sachen zusammen und setzt dich auf deinen Platz.

Was tun, wenn mein Lehrer während der Präsentation immer dazwischenredet?

Das ist eine schwierige Situation. Manchmal hilft es, wenn du bestimmt sagst: „Dazu werde ich gleich noch etwas sagen. Darf ich Ihre Frage/Anmerkung solange zurückstellen?" Wenn du dann an der betreffenden Stelle bist, kannst du dich nochmal deinem Lehrer zuwenden mit den Worten: „Hat das Ihre Frage von vorhin beantwortet?"

Wenn dein Lehrer diesen dezenten Hinweis nicht versteht, bleibt dir nichts anderes übrig als mitzumachen. Wenn du gut vorbereitet bist und dein Thema beherrschst, dürfte dir das nicht allzu schwerfallen.

Ist dir im Vorfeld schon bekannt, dass dein Lehrer dazu neigt, dazwischen zu reden, kannst du das bei deiner Präsentationsplanung berücksichtigen. Plane zu jedem wichtigen Punkt, den du sagen willst ein eigenes Modul, das du unabhängig von den anderen Punkten vorstellen kannst. So kannst du bei der Präsentation flexibel auf deinen Lehrer reagieren.

Was tun, wenn mir am Ende Fragen gestellt werden, die ich nicht beantworten kann?

Auf keinen Fall irgendeinen Blödsinn erzählen oder etwas erfinden.

Gib einfach zu, dass du es nicht weißt. Du musst nicht alles wissen. Wenn du deinen Eiweißbereich (siehe Spiegelei auf S. 225) ordentlich recherchiert und gelernt hast, dann dürfte sich das nicht nachteilig auswirken.

Wenn die Frage von einem Schüler gestellt wird, kannst du sie auch an deinen Lehrer weitergeben. „Das weiß ich jetzt nicht, aber vielleicht kann ja Herr Huber etwas dazu sagen."

Neun Tipps gegen Redeangst

Die wenigsten Leute mögen es wohl vor anderen eine Präsentation zu halten. Und bei anderen stellt sich regelrecht Panik oder Angst ein. Die folgenden Tipps haben schon einigen von meinen Schülern geholfen, Redeangst zu überwinden.

Tipp 1: Gute Vorbereitung

Wenn du dein Thema gut recherchiert und gelernt hast und dir einen klar strukturierten Vortrag erarbeitet hast, dann hast du deinem Publikum etwas zu sagen. Das übliche anfängliche Lampenfieber verfliegt schnell während der ersten Sätze. Und die kannst du vorab gut einstudieren.

Tipp 2: Future Pacing

Diese NLP-Technik wird häufig von Spitzensportlern benutzt. Schon lange vor einem Wettkampf stellen sie sich die zukünftige Situation vor ihrem geistigen Auge vor. Sie erleben mental den Wettkampf mit den erwünschten Verhaltensweisen und Reaktionen, die dann in der realen Situation automatisch ablaufen. Mit deiner Präsentation kannst du das ebenfalls machen. Stell dir die Situation so vor, wie du sie haben möchtest.

Tipp 3: Übe mit Publikum

Redeangst ist im Allgemeinen nicht die Angst vor dem Vortrag, sondern die Angst vor Publikum zu sprechen. Genügend Übung vor anderen Personen hilft dir zu erkennen, dass die anfängliche Aufregung normal ist und nach einigen Sätzen abflacht. Am Anfang reicht oft schon dein eigenes Spiegelbild als Zuhörer.

Tipp 4: Lachübung

Wenn du gut drauf bist, dann lächelst du.

Was viele nicht wissen: es geht auch umgekehrt. Wenn du lachst, bist du nach kurzer Zeit gut drauf. Stell dich vor der Präsentation vor den Spiegel und lache. Wichtig ist, dass du deine Mundwinkel gut nach oben ziehst. Es macht nichts, wenn es anfänglich nur ein erzwungenes Grinsen ist. Nach ungefähr zwei Minuten wird dein Lachen echt und du merkst, dass du dich viel besser fühlst. Wenn du gut drauf bist, kannst du nicht ängstlich sein und fühlst dich sicher.

Tipp 5: Bewegung

Bewegung wirkt wie ein Blitzableiter für Lampenfieber. Du kannst kurz vor deinem Vortrag beispielsweise ein paar Treppen steigen. Die körperliche Anstrengung baut die Aufregung schnell ab.

Tipp 6: Richtig stehen

Diese Übung kennst du vielleicht aus dem Kampfsport. Du stellst deine Füße schulterbreit auseinander, drückst deine Knie nicht ganz durch und verlagerst deinen Schwerpunkt ins Hara, deinen Unterbauch. Stell dir vor, dass dein ganzes Gewicht sich dort sammelt und fühle, wie sicher du jetzt wirkst.

Tipp 7: Gegenstand zum Festhalten

Ein Gegenstand, an dem du dich festhalten kannst, gibt dir Ruhe. Benutze ein Objekt, das mit deinem Referat zu tun hat, z.B. ein Anschauungsobjekt von deinem Thema. Du kannst auch einen Zeigestock nehmen oder den Stift mit dem du später etwas anschreibst.

Tipp 8: Sei ehrlich

Zu deinem Publikum und zu dir selbst. Versuchst du die Redeangst zu verdrängen, verstärkt das den inneren Druck und führt zwangsläufig zu Fehlern und Pannen. Wenn du sehr aufgeregt bist, kannst du das auch einfach am Anfang sagen. Es sieht dir sowieso jeder an. Dann ist der Druck, deine Nervosität zu überspielen, erst mal weg. Die meisten deiner Zuhörer werden mit dir mitfühlen können. Ohne den inneren Stress kannst du dann du selbst sein und deinen Vortrag authentisch rüberbringen.

Tipp 9: Beginne mit einer Übung oder einem kleinen Quiz

Dann sind deine Mitschüler erst mal beschäftigt und du kannst dich an die unangenehme Situation gewöhnen. Wenn deine Zuhörer dann die Lösung wissen wollen, musst du ihnen quasi nur antworten. Das fühlt sich dann besser an als wenn du ihnen dein Thema überstülpen würdest.

⑩ Hindernisse

überwinden

Hindernisse überwinden – und den Schatz heben

Manchmal kommst du im Referat an einen Punkt, an dem es scheinbar nicht mehr weitergeht. Du findest Quellen mit widersprüchlichen Aussagen. Oder stößt auf eine Aussage, die du nicht nachvollziehen kannst, von der du aber weißt, dass sie wichtig ist.

Vielleicht findest du auch keine Struktur in deinem Thema oder keinen interessanten Aufhänger, mit dem du deine Zuhörer für dich gewinnen kannst. Oder du stellst nach drei Wochen Bearbeitungszeit 2 Tage vor dem Vortragstermin fest, dass du vollkommen am Thema vorbei bist. Oder du findest keine Informationen im Internet oder in Büchern.

Dann würdest du am liebsten aufgeben. Genauso wie der Held, der vor der Höhle mit dem Drachen steht oder den Fluss mit den Krokodilen überqueren muss. Ein wahrer Held denkt sich jetzt eine List aus, wie er den Drachen überwältigen kann oder er findet einen anderen Weg, der ihn über den Fluss mit den Krokodilen führt. Denn dahinter wartet ein Schatz auf ihn.

In meiner Arbeit mit Schülerinnen und Schülern waren wir schon oft an diesem Punkt. An diese Verzweiflung und Hoffnungslosigkeit, die uns beschleicht, wenn wir glauben, alles ausprobiert zu haben, habe ich mich zwar noch immer nicht gewöhnt. Aber ich weiß, dass es dann nicht mehr lange dauert bis wir unseren Schatz finden.

Dieser Schatz kann ein ungewöhnlicher Opener für die Präsentation sein oder ein knalliger Schluss. Das kann die eigentliche Kernaussage der Präsentation sein, wie bei Céline in ihrer Präsentation zum Kongo, oder uns eine gute Leitfrage liefern, wie bei Leonies Thema Resozialisierung, oder wertvolle Informationen aus ungewöhnlichen Quellen, wie bei Robin zum Thema Public Viewing 1954.

Auf den folgenden Seiten habe ich ein paar Fälle aus der Praxis geschildert, die ihre Hindernisse erfolgreich überwunden haben.

Fotovoltaik (in VWL)

Samja stand vor einem besonderen Problem. Sie sollte das Thema Fotovoltaik in VWL (Volkswirtschaftslehre) bearbeiten. Ihre ersten Recherche-Ergebnisse umfassten hauptsächlich technische Hintergründe: Was Fotovoltaik ist, wie der Strom in der Solarzelle erzeugt und danach ins Netz eingespeist wird. Ihr war klar, dass diese Informationen nicht in ihr Referat gehörten. Schließlich hielt sie es ja im Fach VWL.

Im nächsten Schritt fand sie dann verschiedene Kostenvergleiche und Rentabilitätsbetrachtungen, in denen die Anschaffungskosten einer Solaranlage dem Ertrag gegenübergestellt werden. Bei diesem Punkt war es dann schon schwieriger zu erkennen, dass es sich um betriebswirtschaftliche Betrachtungen handelt und der Fachbezug nicht stimmte. Erschwerend kam hinzu, dass sich im Internet zu diesem Zeitpunkt keine volkswirtschaftlichen Informationen finden ließen.

Letztlich blieb Samja dann nur eins übrig: selbst zu denken. Sie überlegte sich, welche Auswirkungen die garantierten Abnahmepreise der Energieversorger auf den Solarstrom-Markt haben und wie sich das dann, nach dem gängigen Modell, auf die Preise auswirkt. Ihr Ergebnis verglich sie mit den tatsächlichen Entwicklungen am Markt. Die Auswirkungen der Einfuhrzölle auf den Solarmodul-Markt betrachtete sie dann getrennt.

Ihre Lehrerin war zufrieden und honorierte die GFS mit 13 Punkten.

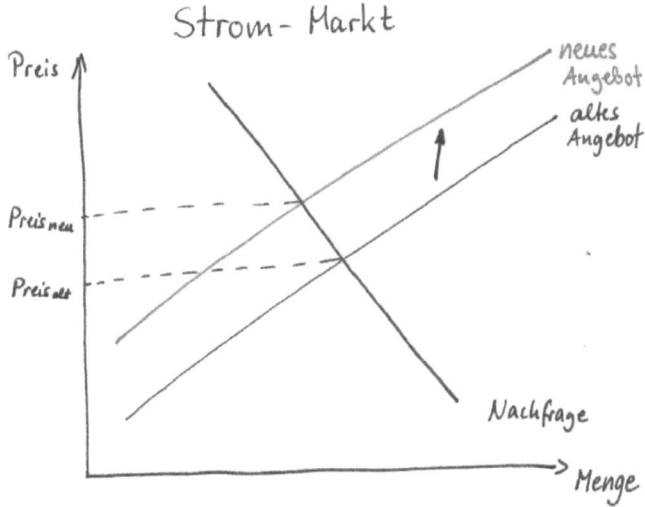

RSA-Verschlüsselung

In Mathe erhielt Max das Thema RSA-Verschlüsselung. Ein Verfahren mit dem man Nachrichten verschlüsseln kann, und das aktuell bei einigen Internetanwendungen eingesetzt wird. Das Verstehen des Verfahrens gestaltete sich schwieriger als erwartet. Selbst Texte, die es angeblich einfach erklären, waren vollkommen unverständlich, obwohl sich Max die mathematischen Grundlagen bereits angeeignet hatte und sich auch in Verschlüsselungsverfahren eingelesen hatte. Einige Bruchstücke und Rechenschritte verstand er zwar ganz gut, aber eben nicht das große Ganze.

Er schnappte sich deshalb einen Mitschnitt einer Vorlesung an einer Hochschule, die auf YouTube zur Verfügung stand. Der Dozent hatte lange Haare und bemühte sich den Stoff langsam und anschaulich zu erklären. Er nutzte das übliche Beispiel mit Bob, welcher Alice eine verschlüsselte Nachricht schicken will. Max schrieb die einzelnen Schritte auf, aber sein Verständnis war immer noch schemenhaft.

Um einen besseren Überblick zu bekommen, teilte er sein Blatt in drei Bereiche ein: Alices Bereich, Bobs Bereich und in der Mitte den öffentlichen Bereich, den jeder sehen kann. Dann ordnete er die jeweiligen Schritte in den Bereich ein, in dem sie passierten.

Langsam wurde sein Verständnis besser, aber er merkte, dass es immer noch zu diffus ist, als dass er in einem Referat die Kernbotschaft klar rüberbringen könnte. Die vielen Schlüssel verwirrten sehr. Es gab da Bobs Schlüssel, Alices Schlüssel und einen öffentlichen Schlüssel.

Erst als er eine andere Darstellungsform für die vielen Schlüssel fand, wurde die Sache klar. Die „Schlüssel", die zum Verschlüsseln der Nachricht benutzt werden, stellte er als Schloss dar, der Schlüssel zum Entschlüsseln der Nachricht blieb ein Schlüssel.

Max erkannte: Alice stellte gar keinen „Schlüssel" in den öffentlichen Bereich, sondern ein „Schloss". Falls jemand das Schloss zum

Verschließen einer Nachricht bekommt, dann kann er damit nichts entschlüsseln und somit ist das Verfahren sicher.

Bob, der Alice die Geheimbotschaft schicken will, kann das Schloss nutzen, um seine Nachricht zu verschlüsseln. Alice hat dann als einzige den Schlüssel zum Schloss und kann die Nachricht entschlüsseln. Und Alice kann auch sicher sein, dass Bob keine Geheimbotschaften, die sie von Jim oder John bekommt, entschlüsseln kann, weil Bob ja nur ein Schloss kriegt und keinen Schlüssel.

Im nächsten Schritt konnte Max dann jeder Aktion die entsprechenden Rechenschritte zuordnen und das Referat war fertig. Der Hauptteil der Präsentation bestand aus seinem Schaubild mit den drei Bereichen und zeigte den Weg der Botschaft, die mit dem Schloss gesichert wird und danach von Alice mit dem Schlüssel wieder geöffnet wird.

Weiße Eltern – schwarzes Kind (Biologie)

Julia wollte als Vorschlag für ihre Präsentationsprüfung den jüngsten Fall einer Zwillingsgeburt mit einem hellen und einem dunklen Baby betrachten. Ihr Biolehrer riet ihr jedoch dazu, ihr Thema zu ändern in „Weiße Eltern – schwarzes Kind", um die Zwillingsproblematik herauszunehmen.

Das war ein fataler Fehler. Trotz zahlreicher Berichte im Internet und einer „wahren Geschichte", die sogar verfilmt wurde, stellte sich heraus, dass keiner der Berichte einen wissenschaftlichen Hintergrund aufwies. Und auch die Vererbung der Hautfarbe stellte sich als unvollständig erforscht heraus. Mit Sicherheit zu sagen (jedoch ohne Quelle, die dies eindeutig wissenschaftlich belegte) war nur die Tatsache, dass zwei weiße Elternteile kein schwarzes Kind haben können.

Julia recherchierte sehr umfangreich auf deutsch- und englischsprachigen Webseiten und Fachbüchern zur Genetik. Ihre besten Funde waren ein Interview einer Romanschriftstellerin, die sich angeblich von zahlreichen Wissenschaftlern bestätigen ließ, dass die schwarzen Gene über Generationen hinweg im Erbgut schlummern können, natürlich ohne Nennung der Namen der Wissenschaftler. Dann gab es noch eine eher gewagte „Prostituiertenhypothese" einer amerikanischen Satire-Zeitung, die weder ernst gemeint noch ernst zu nehmen war. Und von einem Fall in Großbritannien, in dem eine künstlich befruchtete Eizelle vertauscht wurde und vor Gericht endete, berichtete nur eine Zeitung, die man zur Regenbogenpresse zählt.

Übrig blieb nur ein Fall aus den 50er Jahren in Südafrika, bei dem die Elternschaft mit einem Vaterschaftstest nachgewiesen war. Julia forschte weiter nach. Ohne Ergebnis. Bis sie die Frage aufwarf: Seit wann gibt es eigentlich verlässliche Vaterschaftstests (mit DNA und so)? Die waren erst Jahrzehnte später technisch möglich. Nun hatte sich auch dieser Fall als Täuschung entpuppt.

Was machen? Julia formulierte die Leitfrage, die sie durch die Recherche geführt hatte, gleich zu Beginn ihrer Präsentation aus: Weiße Eltern – schwarzes Kind. Wie ist das möglich? Dann stellte sie die genetischen Grundlagen Schritt für Schritt dar und kam zu dem Schluss, dass es eben nicht möglich ist. Den Fall aus Südafrika widerlegte sie und kassierte satte 12 Punkte.

Evolution des Menschen

Philip erzählte mir ganz glücklich, dass er sich das Thema „Evolution des Menschen" ausgesucht hatte, weil „man da so viel darüber findet". Die Arbeit, aus dieser Informationsflut das Wesentliche herauszufiltern, hatte er sichtlich unterschätzt. Es kostete ihn immens viel Zeit, die wesentlichen Punkte für seine Präsentation herauszuarbeiten, weil er sich nie richtig sicher war, welchen Mensch er jetzt hineinnehmen sollte und welchen nicht.

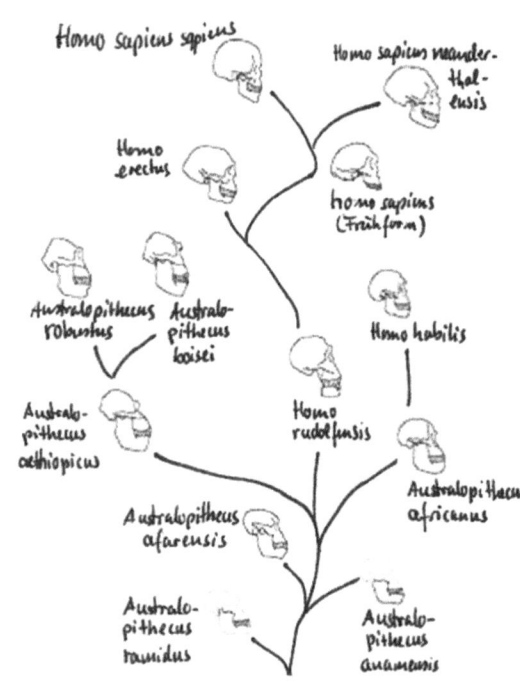

Public Viewing 1954-2006

Robin bearbeitete das Thema „Public Viewing 1954 und 2006". Offensichtlich hatte selbst der beratende Lehrer nicht bemerkt, dass sich hier nicht wirklich viel finden lässt. Zumindest was 1954 anbelangt. Das Phänomen Public Viewing gab es damals noch nicht. Auch nicht unter einer anderen Bezeichnung. Die ARD sendete seit 1950 als einziger Sender in Deutschland. Fernsehgeräte waren nicht weit verbreitet.

Mein Schüler versuchte dann einen Zeitzeugen zu finden. Seine erste Anlaufstelle war der örtliche Fußballverein. Er fragte bei den Mitgliedern nach, die alt genug waren, aber keiner hatte die Übertragung der WM 1954 mitbekommen. Als er grade am Aufgeben war, stieß er durch Zufall doch noch auf einen Zeitzeugen. Bei einem Turnfest im Nachbardorf machte ein örtlicher Elektronikladen Werbung für die neuartigen Fernsehgeräte, indem er ein Gerät im Festzelt aufstellte. Das waren einzigartige Informationen über ein Public Viewing der WM im Jahr 1954. Das beeindruckte die Lehrer sehr und sie belohnten Robins Einsatz bei der FÜK (Fächerübergreifende Kompetenzprüfung an Realschulen in Baden-Württemberg) mit einer 1,5.

Wahlkampf - Manipulation oder Information?

„Super Thema in meinem Lieblingsfach," dachte sich Annemarie als sie das Thema von ihrem Gemeinschaftskundelehrer bekam. Sie war politisch engagiert und hatte gerade ihren ersten eigenen Wahlkampf erfolgreich hinter sich gebracht. Die Bearbeitung des Themas erwies sich hingegen nicht ganz einfach. Theoretische Abhandlungen oder wissenschaftliche Untersuchungen waren nicht zu finden. Eine einfache Ja-oder-Nein-Antwort auch nicht.

Aber wie konnte sie das nun darstellen, ohne dass ihr Referat anspruchslos oder billig wirkte? Zunächst führte sie eine eigene kleine Untersuchung durch und interviewte Persönlichkeiten aus ihrer Schule zum Thema (siehe auch Seite 163). Dann organisierte sie sich Anschauungsmaterial, das von verschiedenen Parteien im Wahlkampf eingesetzt wurde.

Sie erkannte schnell, dass dieses Material nicht einfach in die eine oder andere Kategorie eingeteilt werden konnte. Es gab nicht nur schwarz oder weiß, sondern alle Graustufen. Deshalb ordnete sie das Material an einer Polaritätsachse an. Und damit hatte sie dann auch schon einen ungewöhnlichen, aber effektiven Weg gefunden, wie sie präsentieren konnte.

In ihrem Vortrag ließ sie ihre Mitschüler in Gruppen je einen Flyer oder ein Plakat begutachten und dann auf der Polaritätsachse einordnen. Ihre Kernaussage: „Manipulation oder Information: Kann man nicht so einfach sagen" wurde jedem in der Klasse klar.

14 Punkte.

Wie Kokain die Welt regiert – Seminarkurspräsentation

Rewa musste ihre Seminarkurspräsentation als letzte halten. Sie befürchtete eine schlechte Bewertung zu bekommen, wenn ihr Referat nicht aus der Masse herausstechen würde. Sie suchte verzweifelt nach einem richtigen Knaller.

Doch das war nicht ihr einziges Problem. Für den Vortrag hatte sie einige gute Geschichten aus dem Bericht eines Undercover-Polizisten ausgesucht, die zwar an sich sehr aussagekräftig für ihr Thema waren, aber sich nicht in eine Struktur pressen ließen.

Als sie schon fast aufgeben wollte, hatte sie dann doch noch einen genialen Einfall: In einem Kapitel des Buches wurden die Strukturen der Kokain-Mafia mit einem Baum verglichen. Der Stamm ist das Oberhaupt, die Äste die Handlanger und die Blätter sind die Schurken und Verräter, die am Fuße des Baumes verrotten.

Rewa hatte ihre Struktur gefunden. Sie konnte alle Geschichten den Teilen des Baumes zuordnen. Mit Prezi war es dann auch leicht möglich zu den einzelnen Stationen am Baum hinzuspringen. Doch nicht genug. Sie erweiterte die Metapher noch durch eine Axt, die den Baum fällt, als Symbol für den Coup, der die beschriebene Organisation zu Fall brachte.

Und dann kam ihr Knaller. Während der Präsentation zeigte sie immer nur den einzelnen Baum. Am Ende zoomte sie dann aus dem Bild heraus, so dass man einen ganzen Wald sah. Ihr Fazit war dann auch ohne große Worte klar: Selbst wenn eine Organisation zu Fall gebracht wurde, gibt es immer noch einen ganzen Wald von anderen Organisationen, die dann ihren Platz einnehmen.

Ihr Knaller zeigte Wirkung. Ihre Prüfer waren sichtlich beeindruckt und belohnten ihre Mühe mit 14 Punkten.

Lösungen

Kryptogramm von Seite 123: Beate Uhse

Einhörner und Würmer von Seite 144: Al Einhörner werden Startups bezeichnet, die mit mehr als einer Milliarde US-Dollar bewertet werden, z.B. Lieferheld, Zalando oder Skype.
Auf der anderen Seite gibt es Unternehmensgründungen mit so wenig Kapital, dass sich die Gründer noch nebenbei Geld verdienen müssen. Dennis hatte ein Beispiel eines Internetplattform-Betreibers, der sich anfänglich mit dem Verkauf von selbstgezüchteten Würmern über Wasser hielt.

Fragen zu Christopher Paolini von Seite 153: Christopher Paolini schrieb den ersten Band von Eragon im Alter von 15 bis 17 Jahren ohne die Absicht, das Buch zu veröffentlichen.
Er ging auf keine Schule, sondern wurde zuhause von seinen Eltern unterrichtet.

Lebensmittel von Seite 176: Die vier Nahrungsmittel sind:

Spaghetti. Nudeln waren im Römischen Reich nicht bekannt. Erste Belege, dass im heutigen Italien Nudeln gegessen werden stammen aus dem 12. Jahrhundert.

Kartoffeln und Tomaten wurden erst im 16. Jahrhundert von den Entdeckern aus Südamerika mit nach Europa gebracht. Im römischen Reich waren sie unbekannt.

Butter kannten die alten Römer zwar, haben sie jedoch nicht selbst gegessen und machten auch bei den Barbaren einen Bogen um sie. Als Fett in der Küche verwendeten sie Schweineschmalz und ab ca. 100 n. Chr. auch Olivenöl.

Referatsthema von Seite 178: Die Pest

Im Mittelalter gab es einige Pestepidemien, die große Teile der Bevölkerung dahinrafften. Die größte war wohl die Epidemie Mitte des 14. Jahrhunderts in der schätzungsweise 20 – 25 Mio. Menschen, also ein Drittel der damaligen Bevölkerung Europas ums Leben kam.

Die Ärzte im Mittelalter kannten das Prinzip von ansteckenden Krankheiten noch nicht. Es gab jedoch eine Theorie, dass die Pest durch übelriechende Luft ausgelöst wird, weshalb die Ärzte solche Rabenmasken mit Kräutern oder Essigschwämmen im Schnabel trugen, die die Luft filtern sollte.

Eine andere Theorie war, dass die Pest durch vergiftete Brunnen ausgelöst wurde, was in einigen Städten dazu führte, dass wahllos Juden getötet wurden, die dafür verantwortlich gemacht wurden.

Die löbliche Singergesellschaft in Pforzheim ist eine der ersten Bürgerinitiativen Deutschlands und entstand während der Pestepidemie im Jahr 1501. Einige Bürger Pforzheims sorgten für eine ehrhafte Bestattung der Pestopfer. Sie sammelten die Leichname ein, trugen sie auf Bahren mit Gebet, Psalmengesang und brennenden Kerzen zu Grabe.

In manchen Städten mussten Reisende einen Pestbrief vorlegen, der ihre Herkunft bestätigte. Er gilt als der Vorläufer des heutigen Reisepasses.

Danke

Danke an alle Schülerinnen und Schüler, die mir Ihre Ideen und das Feedback ihrer Mitschüler und Lehrer zur Verfügung gestellt haben. Ohne sie wäre das Buch in dieser Form mit den vielen Praxisbeispielen nicht möglich gewesen.

Danke an Natascha, die mir ihre selbsterstellten Bilder zur Verfügung gestellt hat.

Danke an alle Schülerinnen und Schüler, deren Präsentationen nicht als Beispiel im Buch aufgeführt sind, die mich aber mit ihren vielen Fragen immer wieder forderten. Auf diese Weise ist das ein oder andere Kapitel in diesem Buch entstanden.

Danke an Andreas Kalt vom Kreisgymnasium Neuenburg für die Abdruckgenehmigung seines Textes und seiner Grafik im Kapitel „Recherche als Prozess".

Danke an Austin Kleon für sein hervorragendes Buch „Steal like an Artist", das mir zu einem Zeitpunkt, zu dem dieses Buchprojekt schon fast am Scheitern war, neue Inspiration und Ideen lieferte.

Danke an alle Korrekturleser, die mir wertvolles Feedback zum ganzen Buch oder einzelnen Kapiteln gegeben haben und an alle Schülerinnen und Schüler, die mit Vorabkapiteln bereits gearbeitet haben und diese einem Praxistest unterzogen haben.

Danke an alle Schüler und Eltern, die mich immer wieder nach dem Erscheinungstermin gefragt haben. Ohne die ständige Erinnerung und Ermutigung wäre das Buch wohl nie fertig geworden.

Danke an meine Familie für ihre unermüdliche Unterstützung, Geduld und Motivation, insbesondere an meinen Mann für seine hervorragende Arbeit bei der Covergestaltung, dem Layout und Buchsatz.

Literatur- und Abbildungsnachweise

1 Der Text und die Abbildung auf den Seiten 46 und 47 wurde mit freundlicher Genehmigung von Andreas Kalt von der Webseite http://www.kreisgymnasium-neuenburg.de entnommen. Weitere Materialien zur Vorbereitung von Referaten finden sich unter http://herr-kalt.de/arbeitsmethoden/start.

2 Krengel, Martin (2013): Bestnote. Berlin: Eazybookz

3 Birkenbihl, Vera F. (2007): Trotzdem lehren. München: mvg.

4 Pressemitteilung der Uni Leipzig vom 02.05.2011

5 Bilder auf den Seiten 106-108 mit freundlicher Genehmigung von Natascha Bonides

6 Heath, Chip & Dan (2008): Was bleibt. München: Hanser.

7 Birkenbihl, Vera F. (2012): ABC-Kreativ. Ariston.

Stichwortverzeichnis

ABC-Listen	235	Expertenbefragung	34
Ablaufdiagramm	87	Exzerpte	54
Abstracts	54, 56	Facebook-Seite	170
Adressaten	25	Fachbezug	21, 16, 252
Animationen (bei PowerPoint)	100	Fahrstuhltest	77
Arbeitsblatt	180	Fernleihe	33
Aufzählungsfolien	96	Film	163
Ausarbeitung	188	Filter	18
Begriffsnetz	86	Flipchart	164, 166
Besichtigung	168	Flohmarkt-Technik	83
Bibliothek	32	Fragen	27, 70, 76, 241, 243, 224
Bildgestaltung	104		
Blickkontakt	217	Frei reden	152
Box	171	Fremdsprachige Vorträge	227, 150
Cluster	86		
Deutlich sprechen	219	Future Pacing	244
Diagramme	116, 118	Gerichtsverhandlung	173
Dialekt	220	Gliederung	144
Effekte	100	Gruppenreferate	232
Einstieg	142	Güteklassen	128
Eisberg	12	Handout	186, 206
Essen	182	Hindernisse überwinden	250
Experte werden	58	Hochdeutsch	220

Inhaltsverzeichnis	207	Polaritätsachse	89, 175, 262
Internetquellen	196		
Internetrecherche	40, 38, 33, 42	Post-it-Notes	84
		Power Point	148
Interview	34, 261	Präsentationstechnik	150, 136, 160, 238
Jahreszahlen	121		
Karteikarten	48	Prezi	148
Klasse einbeziehen	172	Primacy effect	140
Knaller am Schluss	264	Publikum	25
Kognitive Landkarte	80	Quellenangaben	192, 204, 53
Konkret werden	94		
Korrekturleser	212	Quellenqualität	44, 67
Krisenhelfer	238	Quiz	176, 178, 247
Kryptogramme	122		
Lachübung	245	Recency effect	140
Landkarte	98	Recherche	28, 67, 258
Laut sprechen	219		
Lebendig sprechen	218	Redeangst	244
Leitfrage	16	Reduzieren	130
Lösungen	266	Referenzzahlen	112
Medieneinsatz	136, 150, 160	Reihenfolge	138, 132
		Rein- und Rauszoomen	62
Museumsrallye	169	Relevanz	26
Notizbuch	50	Roter Faden	239
Pausen	222	Schachtel	171
Planung	132	Schluss	264

Schnell reden	154	Themenwahl	16, 258
Schreiben	189	Thesenpapier	187
Schulbuch	36	Tischvorlage	187
Seitenzahlen	209	Variationenlernen	66
Setting	137	Venn-Diagramm	91
Simulation	173	Vergleich von Zahlen	114
Sortieren	48	Verstehen	60, 76
Souverän auftreten	216	Vokabular	228
Spiegelei	127	Wandmalerei	85
Spiel	174	Wäscheleine	162
Sprechen	218	Wikipedia	38
Sprechtempo	220	Wirkungskette	88
Stadtarchiv	32	Zahlen präsentieren	110
Stadtrundgang	168	Zeitschriftenartikel	33, 195
Stehen	246	Zeitstrahl	90
Storyboard	132	Zeitzeugeninterview	35, 198, 261
Strukturieren	78		
Struktur-Lege-Technik	82	Zitate-Technik	68
Suchmaschinen	33, 40	Zitieren	199
Suchoperatoren	40		
Text in Bild übersetzen	72, 99, 254		
Textverarbeitung	207		
Thema erarbeiten	254		
Themenumfang	17, 260